"十四五"普通高等教育本科精品系列教材

电商直播技能
实训教程

▶ 主　编◎何　亮　　郑　婧　　杜民帅
▶ 副主编◎姚　望　　王　炜　　刘　欢　　廖志龙

西南财经大学出版社

中国·成都

图书在版编目(CIP)数据

电商直播技能实训教程/何亮,郑婧,杜民帅主编;姚望等副主编.—成都:
西南财经大学出版社,2024.2
ISBN 978-7-5504-6120-8

Ⅰ.①电… Ⅱ.①何…②郑…③杜…④姚… Ⅲ.①网络营销—教材
Ⅳ.①F713.365.2

中国国家版本馆 CIP 数据核字(2024)第 037407 号

电商直播技能实训教程

DIANSHANG ZHIBO JINENG SHIXUN JIAOCHENG

主　编　何　亮　郑　婧　杜民帅
副主编　姚　望　王　炜　刘　欢　廖志龙

策划编辑:邓克虎
责任编辑:邓克虎
责任校对:乔　雷
封面设计:墨创文化　张姗姗
责任印制:朱曼丽

出版发行	西南财经大学出版社(四川省成都市光华村街 55 号)
网　　址	http://cbs.swufe.edu.cn
电子邮件	bookcj@swufe.edu.cn
邮政编码	610074
电　　话	028-87353785
照　　排	四川胜翔数码印务设计有限公司
印　　刷	郫县犀浦印刷厂
成品尺寸	185mm×260mm
印　　张	11.625
字　　数	270 千字
版　　次	2024 年 2 月第 1 版
印　　次	2024 年 2 月第 1 次印刷
印　　数	1—3000 册
书　　号	ISBN 978-7-5504-6120-8
定　　价	35.00 元

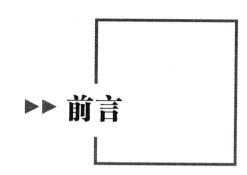

▶▶ 前言

本书是根据教育部、国家发改委、财政部《关于引导部分地方普通本科高校向应用型转变的指导意见》的精神，在充分调研应用型课程建设标准的基础上组织编写的。

本书符合国家对应用型和技能型人才培养的要求，注重以就业为导向，以能力为本位，面向企业，以经济结构调整为原则，以满足高技能电子商务直播实用型人才的培养。在编写过程中，我们充分学习了同类院校的专业教学实践经验，深入研究了社会对电子商务直播技能的需求，吸收了各方先进的教育理念和方法，形成了本教材的特色。其归纳为以下三点：

（1）面向应用。本书的作者均来自教学一线，有多年的专业教学经验，同时又积极参与地方经济服务，具有丰富的行业实践经验。因此，本书能够根据应用型人才培养目标，结合目前的社会需求实际来编写。

（2）难易合适。本书借鉴各类专业和职业教育教材，化繁为简，重实践、轻理论，突出专项应用能力培养，着重强调知识体系，强化专项技能培养。

（3）知识体系完整。本书在内容选择上，在对人才的知识、能力的要求方面，力求做到与社会需求紧密结合，并较多地反映新知识、新技术和新方法。

本书主要内容包括电子商务概论（王炜老师和何亮老师负责撰写）、网络营销概论（郑婧老师和刘欢老师负责撰写）、电商直播概论（姚望老师负责撰写）、电商直播实训（杜民帅老师撰写）四个部分。

教材引用了许多学者的先进成果，在此一并致谢。由于编者的水平和时间有限，书中难免存在不足之处，敬请广大读者和专家批评指正。

编者

2023 年 12 月

▶▶ 目录

电商直播
技能实训教程

1 | 电子商务概论

 项目要求

本章主要目的是在学生学习本课程后能对电子商务有一个全面而正确的认识，了解电子商务具体涵盖的内容，掌握电子商务的发展、模式、平台、流程和运用，了解电子商务相关的管理和技术知识，从而达到以就业为导向，以能力为本位，满足电子商务应用型人才的培养要求。

 学习目标

【知识目标】

➤培养学生理解什么是电子商务，掌握电子商务的定义；掌握新兴电子商务与传统商务的区别；了解新兴电子商务的特点。

➤培养学生理解电子商务的交易模式，掌握常见的电子商务模式，并能在生活中进行区分。

➤培养学生理解电子商务相关的法律规定和行业要求。

➤培养学生了解常见的电子商务平台；熟悉第三方平台的运用方法。

➤培养学生理解客户关系管理的概念和功能，维护客户关系管理的意义，熟悉消费争议的四种类型。

➤培养学生了解当前电子商务的运用领域，熟悉其发展现状、模式和趋势。

【能力目标】

➤通过学习学生能够掌握电子商务的组成部分，能够区分不同电子商务的交易模式。

➤通过学习学生能够掌握电子商务平台的选择，熟悉自建平台的规划和流程，掌握

第三方电子商务平台的操作流程以及注意事项。

➢通过学习学生能够理解什么是客户关系；掌握维护客户关系的关键维度，熟悉纠纷处理的解决途径。

➢通过学习学生能够理解电子商务的运用场景，熟悉电子商务运用的模式、优势及流程。

【素质目标】

➢培养学生践行社会主义核心价值观。

➢培养学生具备良好的人文社会科学素养。

➢培养学生理性地看待"人性"，引导学生用发展的眼光看待世界的变迁。

➢提高学生的创新意识和创业精神。

➢提倡试错并勇于承受挫折。

➢培养学生做事的大局意识和前瞻性意识。

学习导图

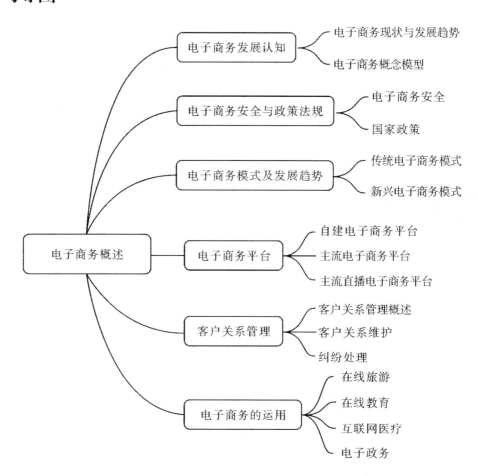

案例导入

东风村的崛起

江苏徐州睢宁县沙集镇东风村在短短 4 年间，由一个"破烂村"变成一个电子商务化的"淘宝村"。这一电子商务成功案例吸引了日本、德国等外媒以及中国的主流媒体聚焦。一个乡村，因为电子商务而出名，成为信息化时代一颗耀眼的新星，其发展模式引人注目。

东风村在沙集镇边上，从睢宁县城驱车 20 多分钟便到了。在沙集镇上，有一幅大型的广告招牌，上书"最佳网商沃土奖"——阿里巴巴召开"第七届全球网商大会"时将此奖授予沙集镇。之后阿里巴巴发起召开"农村电子商务暨'沙集模式'高层研讨会"，东风村迎来中国社科院信息化研究中心、国务院研究中心、商务部、工信部等"国"字号贵宾。

一个"淘宝村"凭什么吸引这么多的关注？沙集镇走的是一种很典型的以信息化带动工业化、农村产业化的模式，在这里，信息化不是一个辅助手段，而是一个火车头，它拉动了加工制造、服务、物流等产业链，形成了一个产业群，形成了一种生态。农民在家里创业，不用背井离乡也能致富，有尊严地走向了市场经济。

东风村的崛起，离不开孙寒、陈雷和夏凯 3 位创业青年。他们号称东风村"三剑客"，"带头大哥"是孙寒。孙寒创办的家具加工厂门口挂着 3 块牌子，分别是：公司招牌、大学生村官网络创业示范基地、共青团睢宁县委青年网络示范基地。

在"三剑客"带头经营淘宝网店销售简易家居前，拥有 1 180 多户的东风村，多数人从事废旧塑料加工，被人称为"垃圾村"，但东风村也积累了难得的"商务经验"。如果没有这个从商经历，东风村不可能变成"淘宝村"。截至 2011 年年底，东风村已有网店 1 000 多家，开网店的农户已超过 400 户，营业额超过 3 亿元，不少店主月收入超万元。

孙寒毕业于南京林业大学，大专文凭。在南京，孙寒当过保安；在上海，帮亲戚做生意，一个月收入 300 元。孙寒还去酒吧做过服务生，也做过群众演员。后来，他回到睢宁县移动公司上班，月薪 3 000 元，却因为倒卖公司做促销活动的手机赚差价被迫辞职。失业回家后整天摆弄电脑的孙寒一度成了父母的心病。当时为了安装宽带上网，孙寒天天去镇上的电信局软磨硬泡，请相关人员吃饭才搞定。孙寒先在网上卖手机充值卡，一个晚上就卖了 30 张，从而发现电子商务可以成为"生存手段"。

2006 年，孙寒正式开了淘宝网店，经营一些小的家具饰品和挂件，每月净利润有 2 000 多元，可以把自己养活了，但他并不满足，当时他发现淘宝上同类型网店已有 1 万多家，竞争非常激烈，利润空间很小，很难成为"主要的生存手段"，因此他开始谋求销售新产品。创业灵感来得很偶然，2007 年的一天，孙寒只身前往上海，发现了宜家家居超市。经过在网络上调查，孙寒发现宜家这种时尚简约的家具很有市场，利润空间也很可观，于是他当机立断赶回家中，开始了对木制家具生产的探索。孙寒草根创业，模仿宜家做廉价简易家具，被人称为"山寨宜家产品"。

一开始，孙寒寻找当地木匠代工，他拿着 2 000 元创始资金满村满镇满县地找木匠。接下来，村民们开始发现孙寒每天都在家里发货几十单，却从不见人上门付钱，也没个店铺门面的，村民们议论纷纷：这孩子是不是在搞传销啊？当初为了保密，孙寒开淘宝店只有另外两个好朋友陈雷和夏凯知道，夏凯是沙集中学的美术老师。3 个人便一起干，不仅在当地找到木匠仿制出了宜家风格的家具，而且低价时髦，满足了都市白领兼顾时尚和实用的需求，在淘宝上大卖特卖。

没有不透风的墙，知情后的村民立马模仿"三剑客"开网店，亲戚带亲戚，朋友带朋友。原来经营废旧塑料回收的人看到网商们在网上卖家具，不出家门就能赚到钱也纷纷弃旧学新。2009 年，更有一大批年轻人陆续返乡开店创业，其中不少是大学毕业生。夏河山便是其中一位返乡大学毕业生，他告诉记者，他的网店一年营业额是 100 多万元，利润率是 10%，赚得比"北上广"新工作的白领还多。

今天，走进孙寒的家具加工厂，迎面就是一个大车间，工人正在操作现代化的机械制造简易家具。孙寒向记者介绍，2007 年他先投入 10 多万元创办了家具加工坊，2010 年又投资 100 多万元升级为拥有现代化设备的加工厂。现在孙寒的网店一年营业额 500 多万元，以 20% 的毛利润测算，他已经成为"百万富翁"了。孙寒还在建设新厂房，源源不断的订单需要他继续扩大规模。孙寒的加工厂现在不仅能生产简易家具，也能生产板式家具、实木家具等，开始从单纯仿制到自主创新，试图从"山寨宜家村"转型为"您身边的家具定制专家"。

来源：http://www.360doc.com/content/14/0305/09/9200790_357844971.shtml.

思考：

东风村是一个因电子商务而发生翻天覆地变化的村庄。2006 年，东风村开出第一家淘宝网店时，它还是苏北一个人均耕地不足一亩（1 亩≈666.7 平方米，下同）的小村庄，村民除了种地，就是回收加工废旧塑料。如今，淘宝简易家具的销售额 80% 被这个村庄垄断。东风村的崛起，一个关键因素就是返乡知识青年的引领作用，同时说明了"信息社会"赋予"农二代"一个崭新的机会，一批又一批的知识青年告别城市的繁华，回到家乡，带领乡民谋发展，让乡村再生，再造魅力新故乡。

1. 案例中，东风村"三剑客"为什么试图从"山寨宜家村"转型为"您身边的家具定制专家"？

2. 东风村"三剑客"为什么可以带领全村取得成功，对你有什么启示？

1.1　电子商务发展认知

1.1.1　电子商务现状与发展趋势

1.1.1.1　电子商务的概念

广义的电子商务是指利用网络实现所有商务活动业务流程的电子化，不仅包括了电子商业的面向外部的业务流程，如网络营销、电子支付、物流配送等，还包括了企业内部的业务流程，如企业资源计划、管理信息系统、客户关系管理、供应链管理、人力资源管理、网上市场调研、战略管理、财务管理等。狭义的电子商务一般被称为电子交易，是指通过互联网进行的商务活动。

电子商务包含两个方面：一是商务活动，二是电子商务手段。它们之间的关系是：商务是核心，电子是手段和工具。这里的商务包括企业通过内联网处理与交换商贸信息，企业与企业之间通过外联网或专用网进行业务协作和商务活动，企业与消费者之间通过互联网进行商务活动，消费者与消费者之间通过互联网进行商务活动，政府管理部门与企业之间通过互联网或专用网进行管理和商务活动。这里的电子化包括自动捕获数据、电子数据交换、电子邮件发送和接收、电子资金转账、网络通信、无线移动技术等各种电子通信技术。

1.1.1.2　电子商务的特点

（1）交易虚拟化

通过互联网为代表的计算机网络进行的贸易，贸易双方从贸易磋商、签订合同到支付都无须当面进行，而是通过计算机网络完成，整个交易完全虚拟化。对卖方来说，可以到网络管理机构申请域名，制作自己的主页，将产品信息放到网上。而虚拟现实、网上聊天等新技术的发展使买方能够根据自己的需求选择产品，并将信息反馈给卖方。通过信息的推拉互动，双方签订电子合同，买方进行电子支付，完成交易。当然，要实现电子商务交易虚拟化，离不开信息的数字化，商家必须将商品信息整理后发布。

（2）交易成本低

电子商务使得买卖双方的交易成本大大降低，具体表现在以下方面：

①距离越远，网络上进行信息传递的成本相对于传统通信方式而言就越低。此外，缩短时间及减少重复的数据录入也降低了信息成本。

②买卖双方通过网络进行商务活动，无须中介参与，减少了交易的有关环节。

③卖方可通过网络进行产品介绍、宣传，减少了在传统方式下的宣传费用。

④电子商务实行"无纸贸易"，可大量减少文件处理费用。

⑤互联网使买卖双方即时沟通供需信息，使无库存生产和无库存销售成为可能，从而使库存成本大为下降。

⑥企业利用内部网可实现"无纸办公"（OA），提高了内部信息传递的效率，节省了时间，降低了管理成本。

⑦传统的贸易平台是地面店铺，新的电子商务贸易平台则是网吧或办公室。

（3）交易效率高

由于网络将贸易中的商业报文标准化，商业报文得以在世界各地瞬间完成传递并进行计算机自动处理，原料采购、产品生产、需求与销售、银行汇兑、保险、货物托运及申报等过程也无须人员干预，可在最短的时间内完成。在传统贸易方式下，用信件、电话和传真传递信息，必须有人的参与，且每个环节都要花不少时间。有时由于人员合作和工作时间的问题，会延误传输时间，失去最佳商机。电子商务克服了传统贸易方式费用高、易出错、处理速度慢等缺点，极大地缩短了交易时间，使整个交易非常快捷与方便。

（4）交易透明化

买卖双方交易的洽谈、签约、货款支付、交货通知等整个交易过程都在网络上进行。通畅、快捷的信息传输可以保证各种信息之间互相核对，防止伪造信息，从而方便了网上交易信息的审查。

1.1.1.3 电子商务发展现状

电子商务在中国的发展可以追溯到 20 世纪 90 年代末期，但从 2004 年后才开始进入真正的发展阶段，之后一直保持着强劲的发展势头。相关资料显示，2006 年我国电子商务交易额突破万亿元大关，"十二五"期间，我国电子商务发展非常迅速，年均增长率超过 35%。2015 年，中国电子商务年交易额超过 20 万亿元。截至 2021 年 5 月底，中国电子商务用户规模达到 9.83 亿，同比增长了 3.7%，电子商务零售额达到 11.78 万亿元，同比增长 22.6%。其中，社交电商、直播带货等新兴电商业态也得到了爆发式的发展①。

1.1.1.4 电子商务发展趋势

（1）移动端化

随着智能手机的普及，消费者购物越来越依赖移动端，现已经形成了一种以移动端为主的购物模式。截至 2023 年年底，中国电子商务市场的移动端用户规模已经超过了 8 亿人。因此，企业必须做好移动端应用的开发和优化，以便更好地为消费者提供体验。

（2）智能化

智能化是电子商务发展的重要趋势，即通过大数据技术、人工智能（AI）技术等手段为消费者提供更加个性化、精准化的服务。例如，借助 AI 技术，可以根据用户购物习惯进行商品推荐。这种个性化服务能够提高顾客满意度，促进消费者忠诚度的提升。

（3）社交媒体电商化

现在，社交媒体和电商结合的新型商业模式越来越受到人们的关注。社交电商和直播带货等模式已经成为电商界的新兴产品。在社交平台上，卖家和消费者可以进行实时互动，通过语音、图片、视频等方式进行商品展示和推销，这进一步提升了消费体验。

（4）个性化定制

个性化定制是指根据消费者需求，提供量身定制的商品和服务。这类商品通常贵些，但能够最大限度地满足消费者的需求，因此受到了越来越多的消费者青睐。消费升级和个性化需求的快速崛起成为刺激消费者尝试新兴业态、产业创新的重要因素。

随着电子商务技术的发展和创新，各类新型电商业态不断涌现，无论是社交媒体电商、个性化定制还是智能化等，都成为电商行业的新风口，使得电商行业愈加充满活力。作为企业，必须紧跟电商趋势的脚步，不断进行创新和变革，向消费者提供更加优质、便捷、个性化的服务，才能在激烈的市场竞争中获取优势。

1.1.2 电子商务概念模型

电子商务概念模型是对现实世界中电子商务活动的抽象描述。由图 1.1 可知，电

① 黄璐. 互联网+背景下电子商务平台发展现状及趋势 [J]. 现代企业，2022（11）：143-145.

子商务概念模型的最高层电子商务应用是十分丰富的，为了实施这些应用，企业需要支撑服务和基础设施来支持。其具体由电子商务实体、交易事务、电子市场、信息流、资金流、商流、物流等基本要素组成。

电子商务实体：指从事电子商务活动的客观对象。它可以是企业、中介机构（银行、保险公司、信用卡公司等）、政府或者消费者。

交易事务：指电子商务主体之间的具体商务活动，如询价、报价、转账支付、广告、商品运输等。

电子市场：指电子商务实体进行商品和服务交易的场所。商业参与者使用各种接入设备并通过网络进行连接，这是一个完整的市场。

任何一种商务活动都离不开"四流"，即信息流、资金流、商流和物流。电子商务也是如此，并且电子商务的每一笔交易都包含信息流、资金流、商流和物流四个基本要素。

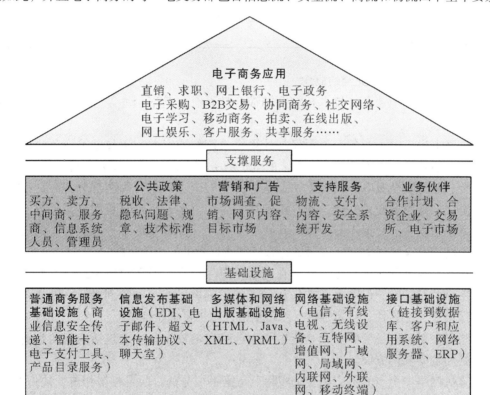

图 1.1　电子商务概念模型

1.2　电子商务安全与政策法规

21 世纪，互联网正在真实、深刻地改变着人们的生活和工作方式。据统计，目前国内万维网网站大部分缺乏可靠的安全措施。某些网站由于没有安装防火墙等必要的安全设备，加上部分网管人员安全意识淡薄，网站被不法分子多次入侵，这些都让人们充分认识到互联网在电子商务安全方面存在着先天不足。根据美国 FBI 的调查，美国每年因为网络安全问题造成的经济损失超过 170 亿美元。75%的公司报告称财务损失是由计算机安全问题造成的，且超过 50%的安全威胁来自内部，59%的损失可以定量估算。只有 17%的公司愿意报告黑客入侵，更多的公司由于担心负面影响而未声张。

许多商务网站受到黑客不同层次的攻击，不断出现的病毒疯狂肆虐，使得全球成千上万台计算机瘫痪，严重地影响了企业的业务运作。在电子商务交易过程中出现的安全问题能直接导致几十亿美元的损失。

大量的电子商务活动是在公开的网络上进行的。支付信息、订货信息、谈判信息、机密的商务往来文件等商务信息都在计算机系统中存放、传输和处理。计算机诈骗、计算机病毒等造成的商务信息被窃、篡改和破坏，以及机器失效、程序错误、错误操作、传输错误等造成的信息失误或失效，都严重危害着电子商务系统的安全。基于互联网的电子商务活动，对安全通信提出了前所未有的要求。

1.2.1　电子商务安全

1.2.1.1　电子商务安全的概念

电子商务是一个社会与技术相结合的综合性系统，其安全性是一个多层次、多方位的系统概念。

从广义上讲，电子商务安全不仅与计算机系统结构有关，还与电子商务应用的环境、人员素质和社会因素有关。广义上的电子商务安全包括电子商务系统的硬件安全、软件安全、运行安全及电子商务立法。电子商务安全也可以分为两部分：一是计算机网络安全，二是商务交易安全。计算机网络安全的内容包括计算机网络设备安全、计算机网络系统安全、数据库安全等。其特征是针对计算机网络本身可能存在的安全问题，实施网络安全增强方案，以保证计算机网络自身的安全为目标。

商务交易安全紧紧围绕传统商务在网络上应用时产生的各种安全问题，其在计算机网络安全的基础上，保障电子交易和电子支付等电子商务的顺利进行，即实现电子商务的保密性、完整性、可鉴别性、不可伪造性和不可抵赖性等。

从狭义上讲，电子商务安全是指电子商务信息的安全，主要包括信息的存储安全和信息的传输安全两方面。

计算机网络安全与商务交易安全实际上是密不可分的，两者相辅相成，缺一不可。没有计算机网络安全作为基础，商务交易安全就像空中楼阁，无从谈起；没有商务交易安全保障，即使计算机网络本身再安全，也达不到电子商务所特需的安全要求。

电子商务安全以网络安全为基础，但是，电子商务安全与网络安全又是有区别的。首先，网络不可能绝对安全，在这种情况下，还需要运行安全的电子商务；其次，即使网络绝对安全，也不能保障电子商务的安全。电子商务除了基础安全要求之外，还有特殊安全要求。

电子商务安全是一个复杂的系统问题。电子商务安全立法与电子商务应用的环境、人员素质、社会有关，基本上不属于技术上的系统设计问题，而硬件安全是目前硬件技术水平能够解决的问题。鉴于现代计算机系统软件的庞大性和复杂性，软件安全成为电子商务系统安全的关键问题。

1.2.1.2　电子商务安全问题产生的原因

电子商务安全问题，不仅是网络安全问题，还包括信息安全问题、交易过程安全问题。其产生原因如下：

（1）管理问题

大多数电子商务网站缺乏统一的管理，没有一个合理的评价标准。同时，安全管理也存在很大隐患，大多数网站普遍易受黑客的攻击，造成服务器瘫痪，使网站的信誉受到极大损害。

（2）技术问题

当前，网络安全在全球还没有形成一个完整的体系。虽然有关电子商务安全技术的产品数量不少，但真正通过认证的却相当少。全球安全技术的强度普遍不够，虽然国外电子商务安全技术的结构或加密技术都不错，但这种加密算法受到外国密码政策的限制，故对其他国家出口的安全技术往往强度不够。

（3）环境问题

社会环境对电子商务发展带来的影响也不小。如今，社会法治建设不完善，相关法律建设跟不上电子商务发展要求的法律基础保障。

1.2.1.3　电子商务的安全性要求

（1）服务的有效性要求

电子商务系统应能防止服务失败情况的发生，预防由于网络故障和病毒发作等因素产生的系统停止服务等情况，保证交易数据能准确、快速地传送。

（2）交易信息的保密性要求

电子商务系统应对用户传送的信息进行有效加密，防止信息被截取破译，同时要防止信息被越权访问。

（3）数据的完整性要求

数据完整性是指在数据处理过程中，原来的数据和现行数据之间保持完全一致。为了保障商务交易的严肃和公正，交易的文件是不可被修改的，否则必然会损害一方的商业利益。

（4）身份认证要求

电子商务系统应提供安全有效的身份认证机制，确保交易双方的信息都是合法有效的，且在发生交易纠纷时可提供法律依据。

1.2.1.4　电子商务的主要安全要素

（1）信息真实性、有效性

电子商务以电子形式取代了纸张，如何保证这种电子形式的贸易信息的有效性和真实性是开展电子商务的前提。电子商务作为贸易的一种形式，其信息的有效性和真实性将直接关系到个人、企业或国家的经济利益和声誉。

（2）信息机密性

电子商务作为贸易的一种手段，其信息直接代表着个人、企业或国家的商业机密。传统的纸面贸易都是通过邮寄封装的信件或利用可靠的通信渠道发送商业报文来达到保守机密的目的。电子商务是建立在一个较为开放的网络环境中的，防泄密是电子商务全面推广应用的重要保障。

（3）信息完整性

电子商务简化了贸易过程，减少了人为的干预，同时也带来了维护商业信息的完整、统一的问题。数据输入时的意外差错或欺诈行为，可能导致贸易各方信息的差异。此外，数据传输过程中信息的丢失、信息的重复或信息传送的次序差异也会导致贸易各方信息的不对称。因此，电子商务系统应充分保证数据传输、存储及电子商务完整性检查的正确和可靠。

（4）信息可靠性、可鉴别性和不可抵赖性

可靠性是指能保证合法用户对信息和资源的使用不会被不正当地拒绝；可鉴别性是指能控制使用资源的人或实体的使用方式；不可抵赖性是指能建立有效的责任机制，防止实体否认其行为。在传统的纸面贸易中，贸易双方通过在交易合同、契约或贸易单据等书面文件上手写签名或盖上印章来鉴别贸易伙伴，确定合同、契约、单据的可靠性，并预防抵赖行为的发生。

（5）交易审查能力

依据在交易过程中信息传输机密性和完整性的要求，应对数据审查的结果进行记录。在无纸化的电子商务方式下，通过手写签名和盖上印章进行贸易方的鉴别已不可能。因此，在交易信息的传输过程中，应为参与交易的个人、企业或国家提供可靠的标志。在互联网上，个人都是匿名的，电子商务系统应充分保证发送方在发送数据后不能抵赖，接收方在接收数据后也不能抵赖。

1.2.1.5　常见的电子商务安全问题

互联网的完全开放性，以及不可预知的管理漏洞、技术威胁等的出现，带来了各种各样的安全问题。其中，主要隐患为网络安全隐患、交易隐患。

（1）网络安全隐患

电子商务依赖计算机系统的正常运行开展业务，网络设备本身的物理故障将导致电子商务无法正常进行；网络恶意攻击使得网络被破坏，造成系统瘫痪；虽然在进行电子商务交易前采用了一些网络安全设备（如防火墙、杀毒软件等），但由于安全产品本身的问题或者使用上的不当，这些产品并不能起到应有的作用。

（2）交易隐患

交易隐患是困扰电子商务正常进行的最大障碍之一。在交易过程中，常常存在隐患，如攻击者通过非法手段盗用合法用户的身份信息、仿冒合法用户的身份与他人进行交易、进行信息欺诈与信息破坏等，从而获得非法利益。

1.2.1.6　保护措施

如何建立一个安全、便捷的电子商务应用环境，对信息提供足够的保护，是商家和用户都十分关注的问题。防火墙、虚拟专用网络（VPN）、数字签名等，这些安全产品和技术的使用可以从一定程度上满足网络安全需求，但不能满足整体的安全需求，因为它们只能保护特定的某一方面。如防火墙的最主要功能就是访问控制功能，虚拟专用网络可以实现加密传输，数字签名技术可以保证用户身份的真实性和不可抵赖性。而对于网络系统来讲，它需要一种整体的安全策略，这个策略不仅包括安全保护，还应该包括安全治理、实时监控、响应和恢复措施。由于目前没有绝对的安全，无论网络系统部署得如何周密，系统总会有被攻击和攻破的可能。若发生问题，应采取一些恢复措施，在最短的时间内使网络系统恢复正常工作。

通常情况下，我们可以用以下方法来保证电子商务安全运作：

（1）安全治理

安全治理就是通过一些治理手段来达到保护网络安全的目的。它所包含的内容有安全治理制度的制定、实施和监督，安全策略的制定、实施、评估和修改，以及对人员的安全意识的教育等。

（2）保护

保护就是采用一些网络安全产品、工具和技术保护网络系统、数据和用户。这种保护可以称为静态保护，它通常是指一些基本防护，不具有实时性。例如，在制定的安全策略中有一条规定，即不应答外部网用户访问内部网的 Web 服务器，因此可以在防火墙的规则中加入一条规定，即禁止所有外部网用户连接到内部网 Web 服务器的请求。这样，一旦这条规则生效，它就会持续有效，除非改变了这条规则。这样的保护可以预防已知的一些网络安全威胁，而且通常这些威胁不会变化，所以我们将之称为静态保护。

（3）监控、审计

监控就是实时监控网络上正在发生的事情，这是任何一个网络治理员都应做到的。审计一直被认为是经典安全模型的一个重要组成部分。审计是记录下通过网络的所有数据包，然后分析这些数据包，查找已知的攻击手段、可疑的破坏行为，来达到保护网络的目的。监控和审计是实时保护的一种策略，它主要满足一种动态安全的需求。由于网络安全技术在发展的同时，黑客技术也在不断发展，因此网络安全不是一成不变的，我们应该时刻关注网络安全的发展动向，以及网络上发生的各种各样的事情，以便及时发现新的攻击，制定新的安全策略。有些人可能会认为有了监控和审计就不再需要安全保护，这种想法是错误的，因为安全保护是基本保护，监控和审计只是有效的补充，只有这两者有效结合，才能够满足动态安全的需要。

（4）响应

响应是指当攻击正在发生时，系统能够及时做出反应，如向治理员报告或者自动阻断连接等，防止攻击进一步发生。响应是整个安全架构中的重要组成部分，因为即使网络构筑得相当安全，攻击或非法事件也是不可避免的。当攻击或非法事件发生的时候，应该有一种机制对此做出反应，以便让治理员及时了解到网络什么时候遭到了攻击，攻击的行为是什么样的，攻击的结果如何，应该采取什么样的措施来修补安全漏洞等，以弥补这次攻击的损失，防止此类攻击再次发生。

（5）恢复

当病毒入侵发生后，会对系统造成了一定的破坏，如网络不能正常工作、系统数据被破坏等。这时，必须有一套机制来及时恢复系统的正常工作，故恢复在电子商务安全的整体架构中是不可缺少的一个组成部分。恢复是最终措施，因为攻击已经发生了，系统也遭到了破坏，这时让系统以最快的速度运行起来才是最重要的，否则损失将更为严重。

1.2.2　国家政策

电子商务需要解决的问题很多，其中有些问题是纯技术性的，有些问题需要通过法律途径来解决，因此就需要掌握相关法律知识。随着电子商务的不断发展，国家制定了一系列适用于电子商务环境的法律法规和相关政策。

1.2.2.1　法律法规

2020年5月28日，十三届全国人大三次会议表决通过《中华人民共和国民法典》（以下简称《民法典》），标志着我国从民事单行法时代迈入民法典时代。《民法典》包括总则、物权、合同、人格权、婚姻家庭、继承以及侵权责任，对民事主体各方面的权利及救济方式进行了详尽规定。

《民法典》汲取了《中华人民共和国电子商务法》《中华人民共和国合同法》《中华人民共和国侵权责任法》以及司法解释和司法实践的经验，增设了电子商务合同订立、履行的特别规定，在《中华人民共和国侵权责任法》的基础上对网络侵权条款作出了进一步的完善，这对电子商务具有重要的指导和规范作用。下面将从《民法典》出发，对电子商务合同的订立、履行、违约责任和侵权责任等重要内容进行简要梳理。

（1）电子商务合同订立阶段的规定

①除商业广告之外，符合条件的宣传亦构成要约。

《民法典》基本继承了《中华人民共和国合同法》第十三条至第十五条的规定，确定合同订立方式除了要约承诺之外还可以有其他方式；除商业广告之外，符合要约条件的宣传构成要约。该修订在保持了法律体系一致性的同时，也为电商直播等新商业模式的出现和运用留下了一定空间。

②重申合同成立时间为订单提交成功之时。

《民法典》吸收了《中华人民共和国电子商务法》第四十九条规定。重申了电子合同订立的时间点为提交订单成功之时，电商经营者不能将格式合同作为抗辩理由。

③某些格式条款可能"不成为合同内容"。

《民法典》第四百九十六条基于《中华人民共和国合同法》第三十九、四十条，吸取了司法解释的观点，加重了提供格式条款一方的提示和说明义务，如果致使对方没有注意或者理解与其有重大利害关系的条款的，对方可以主张该条款不成为合同的内容。

（2）电子商务合同的履行及售后的规定

《民法典》第一百二十八条等条款的规定，将消费者的概念和消费者权益保护纳入了民事权利保护领域，将《中华人民共和国消费者权益保护法》纳入了我国民法特别法体系，电子商务合同的履行及售后的规定将结合《中华人民共和国消费者权益保护法》来解读。

①电子合同标的交付时间的规定。

《民法典》第五百一十二条根据交付标的的不同规定了交付时间的认定标准。无论标的物为商品、服务还是在线传输交付，只要当事人约定了交付方式与时间，均从其约定。如果标的为交付商品并采用了快递物流方式交付的，交付时间为收货人签收时间。标的为提供服务的，生成的电子凭证或者实物凭证中载明的时间为提供服务时间；

前述凭证没有载明时间或者载明时间与实际提供服务时间不一致的，以实际提供服务的时间为准。电子商务合同以在线传输方式履行的，合同标的进入对方当事人指定的特定系统并且能够检索识别的时间为交付时间。

②关于定金的规定。

定金的法律性质是债权的担保。债务人履行债务后，定金应当抵作价款或者收回。给付定金的一方不履行约定的债务的，无权要求返还定金；收受定金的一方不履行约定的债务的，应当双倍返还定金。定金的数额可以约定，但不得超过主合同标的额的百分之二十。

③违约责任的规定。

电商领域常见的违约情况包括发货不及时、商品或服务质量与约定不符、一方随意更改或取消订单等。根据《民法典》第五百七十七条，此时消费者可以要求商家继续履行、采取补救措施或者赔偿损失等。

（3）关于电商领域的侵权责任的规定

电商平台上常见的知识产权侵权包括假冒伪劣产品类型的侵权，以及不当使用他人权利侵权等。

①明确通知应当包括权利人的真实身份信息。

《民法典》侵权责任编中规定，通知除了构成侵权的初步证据之外，还需要权利人的真实身份信息。这一修订意味着，知识产权权利人的身份必须真实，用于核实其是否为权利人。如果身份信息不真实，可能被视为未发出有效通知，网络服务提供者不承担采取必要措施的义务。

②根据初步证据和服务类型采取必要措施。

《民法典》第一千一百九十五条规定，网络服务提供者应当根据构成侵权的初步证据和服务类型采取必要措施。必要措施的采用应当根据具体情况来判定，针对不同类型的知识产权侵权、情节严重程度制定知识产权保护规则，采取不同的必要措施。例如，对假冒商品、盗版侵权等严重的侵权行为，可以设置警告、删除链接、限制权限、关闭账号等措施，对于其他一般的侵权行为可以采取较轻措施，如扣除积分、警告等。

③"合理期限"。

《民法典》规定，网络服务提供者在转送声明到达权利人后的合理期限内，未收到投诉或诉讼通知的，应及时终止所采取的措施。而"合理期限"是一个弹性期间，在司法实践中可以结合具体情况判断。

1.2.2.2 政策法规

电商行业的政策法规主要体现在多个方面，包括了相关部门颁布的规范性文件、商务部颁布的政策解读、互联网产业部门的行业标准等。

2018年9月，中共中央、国务院发布了《关于完善促进消费体制机制进一步激发居民消费潜力的若干意见》，其中提出了支持电子商务发展的相关政策措施。该意见要求政府部门加强电子商务市场规范化管理，鼓励网络消费、完善网络消费环境等。

1.2.2.3 行业协会规定

电商行业的行业协会规定主要包括电商领域的自律公约、行业标准等。这些行业协会规定起着重要的指导性作用，对于电商企业的自我规范和行业发展具有指导意义。

2015 年，中国互联网协会发布了《中国互联网自律公约》，该公约共分为九个部分，涵盖了网络信息发布、网络广告、网络交易、网络支付、在线游戏、网上音乐、电商平台等多个互联网领域。其中"网络交易"部分对于电商企业的自我规范具有重要的指导作用。

1.3 电子商务模式及发展趋势

1.3.1 传统电子商务模式

电子商务模式是企业运作电子商务、创造价值的具体表现形式，它直接、具体地体现了电子商务的生存状态和生存规律。目前，典型的电子商务交易模式有 B2B、B2C、C2C、C2B、O2O 等。

1.3.1.1 B2B 电子商务模式

图 1.2 所示为典型的 B2B 交易模式——阿里巴巴商务网站。本主题将通过浏览该网站，介绍 B2B 电子商务交易模式、B2B 电子商务交易模式参与的主体和 B2B 电子商务交易模式的两种形式及现状。

图 1.2　阿里巴巴商务网站（B2B 交易模式）

（1）B2B 的基本概念

企业对企业（B2B）电子商务是指企业之间通过互联网、外部网、内部网或者企业私有网络，以电子方式实现的交易。这些交易可以发生在企业及其供应链成员之间，也可以发生在一个企业和其他企业之间。B2B 的主要特点是企业希望通过电子自动交易或沟通、协作过程来提高它们自身的效率。

B2B 电子商务涉及企业与其供应商、客户之间大宗货物的交易活动，其交易金额大、交易对象广泛，涉及石油、化工、水电、运输、储存、航空、国防、建设等各个行业。B2B 是电子商务中业务量最大的一种类型，约占电子商务总交易量的 90%，构成了电子商务业务的主体。

B2B 中最主要的商业推动因素包括：拥有安全的互联网平台以及私有的、公共的

B2B 电子市场；供应商和购买者之间相互合作的需求；节约资金、减少延迟以及促进合作的能力；有效的内部以及外部整合技术的出现。

（2）基本的 B2B 交易类型

①卖方模式：一个卖家对应多个买家。

②买方模式：一个买家对应多个卖家。

③网络交易市场模式：多个卖家对应多个买家。

④协同商务模式：企业伙伴买卖之外的活动，如供应链改进、交流、合作和共享相关设计规划信息等。

1.3.1.2　B2C 电子商务模式

图 1.3、图 1.4、图 1.5、图 1.6 所示为目前国内典型的采用 B2C 电子商务模式开展经营的网站，分别是天猫、京东、唯品会、当当网。请同学们浏览上述网站，学习 B2C 电子商务交易模式的基本知识。

图 1.3　天猫

图 1.4　京东

图 1.5　唯品会

图 1.6　当当网

（1）B2C 电子商务模式的含义

B2C 电子商务模式即企业通过互联网为消费者提供一个新型的购物环境——网上商店，消费者通过网络购物并在网上支付。B2C 电子商务最重要的特点是能够绕过中介（如销售商、批发商或经销商）与客户建立直接关系，能有效地向客户提供价格优惠的优质商品和优质服务。因此，B2C 电子商务网站遍布各种类型的商业中心，提供鲜花、书籍、计算机、汽车等各种消费商品和服务，这种模式节省了客户和企业的时间和空间，大大提高了交易效率。

（2）认识 B2C 电子商务的组成

B2C 电子商务有三个基本组成部分：为客户提供在线购物场所的购物网站，负责为客户所购商品进行商品配送的物流配送系统，负责客户身份的确认、货款结算的银行和认证系统。

① 购物网站。

购物网站也称网上商场或虚拟商场，是商家直接面向消费者的场所。购物网站上展示了琳琅满目的商品的图片、价格、简介等商品信息。

② 物流配送。

物流配送是购物网站将网站商品的实物送到客户手中的过程。商家根据配送距离的远近可选择不同的配送方式，近距离（本市范围内）可采用直接送货方式，远距离可利用 EMS 或其他第三方物流。

③ 支付结算。

在传统的商业活动中，消费者使用现金、支票或信用卡购物。在快餐店，消费者通常使用现金付款。如果在折扣商店购买电器，消费者往往使用信用卡。在支付账单时，消费者可能会寄出支票。网络世界中的情况就不同了，电子商务的出现带来了许多新的金融需求，而很多情况下，传统的支付系统无法满足这些需求。例如，网上个人之间的拍卖，这类新型的购买关系就需要采用对等网络支付手段，让个人可以通过电子邮件方式进行支付。消费者可从网上下载收费的流行歌曲，这类新型的网上信息产品要求采用新型支付方式进行支付。电子商务技术为创建可代替现有支付系统并提高系统性能的新系统带来了极大的可能性。

在国外，大部分网上购物是通过信用卡进行支付的；在国内，大部分网上购物则分别使用货到付款、汇款和电子支付方式。电子支付可以节约处理费用，同时降低纸张成本。

★货到付款

这是最简单、最原始的付款方式，适用于不经常购物的上网者。货到付款方式有时可能会引起货到不付款等纠纷，不利于大规模地开展业务。

★汇款

这种支付方式是指客户在完成订货后，通过邮政系统或银行系统汇款，当商家接到汇款后，再将商品发给客户。但这种支付方式存在缺点，即客户在购物完成后需要再去一趟邮局，且汇款还得支付汇款费，这使得网上购物的便利不复存在。

★电子支付

用户用银行卡或者信用卡通过网上银行支付货款，方便、及时、安全。这是现在主流的网上支付方式，应该大力推广。只有大力推广在线支付，才能更好地推广网上销售业务。关于支付安全问题，我们将在后续章节做详细的讲解。

★安全认证

安全认证包括消费者身份确认及支付确认。在 B2C 电子商务模式中，消费者身份确认大多采用电话和电子邮件方式，通过 CA 认证中心进行身份确认。由于操作技术的复杂性，这种安全认证方式目前在国内还不十分普及。

由于 B2C 模式节省了客户和企业的时间和空间，大大提高了交易效率，适应了现代社会发展的特点，因而近年来取得了长足发展。

1.3.1.3　C2C 电子商务模式

（1）C2C 电子商务模式的含义

C2C 电子商务模式是消费者与消费者之间的电子商务，通俗地讲，就是个人与个人之间通过网络进行交易的电子商务类型。现在大家非常熟悉的淘宝网（见图 1.7）就是典型的 C2C 电子商务网站。

图 1.7　淘宝网

C2C 电子商务的特点是消费者与消费者讨价还价进行交易。在实践中，C2C 较多的是进行网上个人拍卖，如易趣网（www.eachnet.com）是中国第一个真正的个人物品竞标网站。易趣网提供一个虚拟的交易场所，就像一个大市场，每一个人都可以在市场上开出自己的"网上商店"，不用用户事先交付保证金。易趣网凭借独有的信用度评价系统，借助所有用户的监督力量来营造一个相对安全的交易环境，使买卖双方能找到可以信任的交易伙伴。在易趣网上可以交易许多物品，大到计算机、电视，小到邮票、电话卡。在易趣网上，个人可以 24 小时自由地卖出、买入各种物品。

（2）C2C 电子商务平台的功能

① 为买卖双方进行网上交易提供信息交流的平台。

C2C 电子商务是将传统的商业领域从 B2B 和 B2C 扩展到了 C2C，而 C2C 电子商务网站为打算上网进行物品买卖的人们提供了一个发布和获取信息的平台。C2C 交易平台允许卖家在平台上发布待出售的物品信息，允许买家浏览和查找别人拟出售的物品信息，也允许买卖双方进行交流。因此，C2C 电子商务平台是为买卖双方进行网上交易提供信息交流、信息发布、信息获取的平台。

C2C 电子商务网站在刚刚出现的时候，主要是提供"拍卖"服务。买家在网站上进行竞价，在规定时间内出价最高的买家获得商品或服务。然而，随着发展，现在 C2C 电子商务网站除了提供物品拍卖服务外，同时也提供一口价买卖（即待出售的物品的价格是固定的）、网上商城（即模拟传统的商城，聚集了大量的品牌专卖店）、团购（即多个买家联合起来购买同一件物品）等多种信息服务，以便更全面地满足不同卖家和买家的需求。

② 为买卖双方进行网上交易提供一系列配套服务。

C2C 电子商务网站为买卖双方进行网上交易提供信息交流平台。同时，C2C 电子商务网站也为买卖双方进行网上交易提供一系列配套服务，使得交易能够顺利地进行并且最大限度地发挥网上交易的优势。例如，引入一个第三方的支付平台，或为其用户提供便捷的通信工具（一般包括留言、电子信件、聊天工具、语音通信工具等）。

（3）C2C 电子商务交易过程

①交易者登录 C2C 网站。

②卖方发布拍卖商品信息，确定起拍价、竞价阶梯、截止日期等信息。

③买方查询商品信息，参与网上竞价。

④买卖双方成交，买方付款，卖方交货，交易完成。

1.3.1.4　C2B 电子商务模式

（1）C2B 电子商务模式的概念

C2B 电子商务模式是互联网经济时代新的商业模式。这一模式改变了原有生产者（企业和机构）和消费者的关系，是一种消费者贡献价值（create value）、企业和机构消费价值（customer value）的模式。C2B 模式和我们熟知的供需模式（demand supply model，DSM）恰恰相反。

真正的 C2B 应该先由消费者需求产生，后有企业生产，即先有消费者提出需求，后有生产企业按需求组织生产。通常情况为消费者根据自身需求定制产品和价格，或主动参与产品设计、生产和定价。产品、价格等彰显消费者的个性化需求，生产企业进行定制化生产。

C2B 的核心是以消费者为中心，让消费者当家作主。从消费者的角度来看，C2B 产品应该具有以下特征：第一，相同生产厂家生产的相同型号的产品，无论通过什么终端渠道购买，价格都应该一样，也就是全国一个价，渠道不掌握定价权（消费者平等）；第二，C2B 产品价格组成结构合理（拒绝暴利）；第三，渠道透明（拒绝山寨）；第四，供应链透明（品牌共享）。

（2）C2B 电子商务模式特点

① C2B 的营销概念，即是将庞大的人气和用户资源（customer）转化为对企业（business）产品和品牌的注意力，转化为企业迫切需要的营销价值，并从用户的角度出发，通过有效的整合与策划，改变企业营销内容及形式，从而形成与用户的深度沟通和交流。

② 召集众商家合作营销，给顾客更多的选择。可以根据顾客的喜好为其定做商品或服务。

③ 要约，即买家发布需要什么样的商品、价格、大小、样式等构成要约的条件，让企业来找自己，从而实现双赢。

④ 聚合分散的数量庞大的客户群，形成一个强大的采购集团，扭转以往一对一的劣势出价地位，享受批发商的价格优惠。

⑤ 客户个性化定制产品，邀约厂商生产，实现以客户需求为引擎，倒逼企业"柔性化生产"的局面。厂商也可以以销定产、降低库存，同时减少销售环节、降低流通成本。

1.3.2　新兴电子商务模式

1.3.2.1　移动电子商务

（1）移动电子商务的概念

移动电子商务（m-commerce）是由电子商务（e-commerce）的概念衍生出来的。电子商务以 PC 机为主要界面，是"有线的电子商务"；而移动电子商务，则是通过手机、PDA（个人数字助理）这些可以装在口袋里的终端让买卖双方"见面"，无论何时、何地都可以交易。有人预言，移动商务将决定 21 世纪新企业的风貌，也将改变生活与旧商业的"地形地貌"。

移动电子商务就是利用手机、PDA 等无线设备进行 B2B 或 B2C 的电子商务，以前这些业务一贯是在有线的 Web 系统上进行的[1]。

与传统通过电脑（台式 PC、笔记本电脑）平台开展的电子商务相比，移动电子商务拥有更为广泛的用户基础。截至 2017 年 6 月底，我国互联网网民数量达到 7.51 亿人，手机网民规模达到 7.24 亿人，网民中使用手机上网的比例由 2016 年年底的 95.1% 提升至 96.3%，由此可见移动宽带具有更为广阔的市场前景。

（2）移动电子商务的特点

与传统的电子商务活动相比，移动电子商务具有如下特点：

①更具开放性、包容性。移动电子商务接入方式的无线化，使得任何人都更容易进入网络世界，从而使网络更广阔、更开放；同时，使网络虚拟功能更带有现实性，因而更具有包容性。

②具有无处不在、随时随地的特点。移动电子商务的最大特点是"自由"和"个性化"。传统电子商务已经使人们感受到了网络所带来的便利和快乐，但它的局限在于必须有线接入，而移动电子商务则可以弥补传统电子商务的这种缺憾，可以让人们随时随地结账、订票或者购物，感受独特的商务体验。

③潜在用户规模大。目前我国的移动电话用户已接近 14 亿，是全球之最。显然，从电脑和移动电话的普及程度来看，移动电话远远超过了电脑。从消费用户群体来看，手机用户中基本包含了消费能力强的中高端用户，而传统的上网用户中以缺乏支付能力的年轻人为主。由此不难看出，以移动电话为载体的移动电子商务不论在用户规模上，还是在用户消费能力上，都优于传统的电子商务。

④能较好确认用户身份。对传统的电子商务而言，用户的消费信用问题一直是影响其发展的一大问题，而移动电子商务在这方面显然拥有一定的优势。这是因为手机号码具有唯一性，手机 SIM 卡片上存储的用户信息可以确定一个用户的身份，而随着未来手机实名制的全面推行，用户身份确认将越来越容易。对于移动商务而言，这就有了信用认证的基础。

⑤定制化服务。由于移动电话具有比 PC 机更高的可连通性与可定位性，因此移动商务的生产者可以更好地发挥主动性，为不同顾客提供定制化的服务。例如，开展依赖于包含大量活跃客户和潜在客户信息的数据库的个性化短信息服务活动，以及利用无线服务提供商提供的人口统计信息和基于移动用户当前位置的信息，商家可以通过具有个性化的信息服务活动进行更有针对性的广告宣传，从而满足客户的需求。

⑥移动电子商务易于推广使用。移动通信所具有的灵活、便捷的特点，决定了移动电子商务更适合大众化的个人消费领域，比如自动支付系统，包括自动售货机、停车场计时器等；半自动支付系统，包括商店的收银柜机、出租车计费器等；日常费用收缴系统，包括水、电、煤气等费用的收缴等；移动互联网接入支付系统，包括登录商家的 WAP 站点购物等。

⑦移动电子商务领域更易于技术创新。移动电子商务领域已涉及 IT、无线通信、

---

① 贾玲杰. 基于互动视角移动电商应用模式探讨［J］. 现代营销，2020（9）：186-187.

无线接入、软件等技术，并且商务方式更具多元化、复杂化，因而在此领域内很容易产生新的技术。随着我国 5G 网络的兴起与应用，这些新兴技术将转化成更好的产品或服务，所以，移动电子商务领域将是下一个技术创新的高产地[①]。

（3）发展趋势

①企业应用将成为热点。移动电子商务的快速发展，必须是基于企业应用的成熟。企业应用稳定性强、消费力大，这些特点个人用户无法与之比拟。而移动电子商务的业务范畴中，有许多业务类型可以让企业用户在提高收入和工作效率上得到很大帮助。企业应用的快速发展，将会成为推动移动电子商务的最主要力量之一。

②获取信息成主要应用。在移动电子商务中，虽然主要目的是交易，但是实际上在业务使用过程当中，信息的获取对于带动交易的发生或是间接引起交易是有非常大的作用的。比如，用户可以利用手机，通过信息、邮件、标签读取等方式，获取股票行情、天气、旅行路线、电影、航班、音乐、游戏等各种内容业务的信息，而在这些信息的引导下，客户易进行电子商务的业务交易活动。因此，获取信息将成为各大移动电子商务服务商初期考虑的重点。

③安全问题仍是机会。由于移动电子商务依赖于安全性较差的无线通信网络，因此安全性是移动电子商务需要重点考虑的因素。和基于 PC 终端的电子商务相比，移动电子商务终端运算能力和存储容量更加不足，如何保证电子交易过程的安全，成了大家最为关心的问题。

在这样的大环境下，有关安全性的标准制定和相关法律法规的出台也将成为趋势，同时，相关的供应商和服务商也就大行其道。

④移动终端的机会。移动终端也是一个老生常谈的话题。移动电子商务中的信息获取、交易等问题都和终端息息相关。终端的发展机会在于不仅要带动移动电子商务的新风尚，还对价值链上的各方合作以及业务的开展是否顺利有着至关重要的影响。

⑤与无线广告捆绑前进。移动电子商务与无线广告在过去的发展过程中有些割裂，其实这是"两条腿走路"的事情，二者是相辅相成的，任何一方的发展，都离不开另外一方的发展。二者的完美结合，就是无线营销的"康庄大道"。

⑥终端决定购物行为。调查报告显示：47%的智能机和56%的平板电脑用户计划利用他们的移动终端购买更多物品；接近一半的智能手机和平板电脑用户觉得移动购物是方便的，而如果企业能提供一些简便易用的移动应用或者移动网站则会更加方便；三分之一的智能手机用户利用手机进行购物，而只有10%的功能机用户利用他们的手机进行购物。

⑦虚拟电子钱包正流行。20%的智能手机用户曾经将他们的手机当作虚拟钱包；28%的智能手机用户期望能将手机当虚拟钱包做更多的事情；四分之一的平板电脑使用者非常希望能使用一些新技术。

⑧移动优惠券和条形码。尽管虚拟电子钱包受欢迎，但更多的智能手机和平板电脑用户希望通过手机查看更多的产品信息（55%~57%），或者使用移动优惠券（53%~54%）；一半的智能手机和平板电脑用户计划扫描商品条形码以获得更多的产品

---

① 卢艳婷. 移动电商发展趋势分析［J］. 全国流通经济，2017（35）：14-15.

信息，这也显示条形码的使用将成为主流。

⑨用户体验亟须改进。54%的智能手机用户和61%的平板电脑用户认为，企业品牌提供的移动购物应用非常不友好，用户体验也差，因此不会使用它们购物。

⑩对移动电商发展有帮助的新技术。科技的发展催生出了一些新的技术，如物联网、二维码等，它们的出现有助于移动电商的发展。

1.3.2.2 社交电商

（1）社交电商的概念

社交电商是指电子商务平台与社交化平台（微信、抖音、小红书等）相合所形成的商业模式，买卖双方可以利用社交平台进行交易。

社交电商与传统的互联网电子商务不同，它并不是简单地依托社交化平台，而是创新性地提供了更多的消费模式，基于朋友、亲人的动态来体现个人消费行为的信任环境，从而为消费者创造更加个性化、多样化的场景购物选择，如拼多多、贝店等。社交电商的本质是以消费者为核心的消费需求升级的双边市场平台，联结了消费者、电商企业和社交平台三方利益体。相较于传统电商，社交电商是在解决人与人信任问题的基础上，实现低成本、高效率的裂变推广，能够给用户带来更低的价格、更好的体验。例如，社区团购社交电商围绕信任度较高的团长，通过提前预订、团购，可获得低价格货源，从而获得流量用户。因此，这种基于社交媒介功能，建立在社交关系基础上，通过社交活动、内容分享等方式低成本获取流量，最终实现商业变现的创新型电商模式——社交电商势必成为电商发展的新势力[1]。

（2）社交电商较传统电商的优势

①社交裂变实现高效引流，用户既是消费者也是推广者。

依托社交流量，社交电商可从用户拉新到留存的全生命周期进行更高效、低成本运营：拉新阶段，依靠用户社交裂变实现增长，降低获客成本；转化阶段，一方面可以基于熟人之间的信任关系提高转化效率，另一方面可以通过社群标签对用户做天然的结构划分，从而实现精细化运营；留存阶段，用户既是购买者也是推荐者，在二次营销的过程中实现更多的用户留存。

②基于用户个体的去中心化传播网络，为长尾商品提供契机。

传统电商"搜索"模式下，搜索排名对用户选择几乎产生决定性的影响。在马太效应下，流量不断向头部商品汇聚，中小长尾商户则容易淹没在海量的商品中。而社交模式下，商品基于用户个体进行传播，每个社交节点均可以成为流量入口并产生交易，呈现出"去中心化"的结构特点。在他人推荐下，用户会减少对商品品牌的依赖，质量好、性价比高的产品容易形成"口碑效应"；因此，只要产品够好、性价比够高，品牌就容易通过口碑传播，给长尾产品提供了契机。

③从传统电商搜索式购物到发现式购物。

在购物路径上，传统电商主要依靠主动搜索，而社交电商为看到他人分享，在用户购物的整个流程中，社交电商的优势主要体现在三个节点：一是产生需求阶段，通

① 易慧媛，殷笑语，张媛，等．社交电商行业发展现状分析［J］．中国管理信息化，2020，23（12）：158-159．

过社交分享激发用户非计划性购物需求；二是购买决策阶段，通过信任机制快速促成购买，提高转化效率；三是分享传播阶段，激发用户主动分享意愿，降低获客成本。

（3）社交电商的发展

目前社交电商可以分为拼购类、会员制、社区团购、内容型、直播型五种，其中拼购类、会员制、社区团购和直播型均以强社交关系下的熟人网络为基础，通过价格优惠、分销奖励等方式引导用户进行自主传播；内容型社交电商则起源于弱社交关系下的社交社区，通过优质内容与商品形成协同，吸引用户购买[1]。

对于社交电商的未来发展表现为六个趋势[2]：

①自由职业化。社交电商本质是通过人与人之间的社交和影响力，互相传播，推荐商品。基于移动互联网的智能化社交平台会为社交电商从业者在客服、配送、内容、IT系统、培训等方面赋能，使社交电商从业者的门槛大大降低，促进更多的自由社交电商从业者加入进来。

②用户、社交电商从业者、社交电商平台会在更多的业务活动环节参与价值创造。

③新技术开展精准定制。未来的社交电商会基于大数据、云计算来绘制消费者画像，进而根据需求洞察开展精准营销和进行精准定制，从而提升生态系统交易效率、降低交易成本。

④社交电商平台企业的盈利多元化。随着社交电商的进一步发展，社交电商平台的盈利来源将变得更加多元化，如产品差价、会员费、广告费、第三方利益相关者收入、供应商的上架费等。

⑤基于社交电商生态系统的资产结构和现金管理重构金融结构。

⑥线上和线下融合。

1.3.2.3　农村电商

乡村振兴是我国加快农业农村现代化发展的国家级战略，是全面建设社会主义现代化的必然要求。随着互联网的发展，农村电子商务基础设施更为完善，市场规模不断扩大，交易产品种类不断增加，为促进乡村振兴起到了重要作用[3]。

（1）我国农村电商发展现状

我国进入"互联网+"时代以来，各种新型购物App和短视频软件不断涌现，农民对互联网的使用率和依赖度逐渐增加。中央网信办的相关数据显示，截至2021年年底，农村的互联网普及率达到55.9%。互联网和农产品销售渠道的有机融合打破了农产品销售的时空限制，极大地促进了农村经济的发展。同时，农民使用互联网的频率增加，也加快了农村仓储网点和物流点的建设进程，农村电商的基础设施逐渐完善。

（2）我国农村电商发展优势

农产品的生产销售借助电子商务的优势，可以更好地促进农村经济的发展。

①销售环节更简单。

传统的销售模式中，农户的销售渠道单一，往往只能跟相对固定的中间商合作，

① 搜狐网. 三种典型社交电商模式浅析 [J]. 中国合作经济, 2019（3）：50-51.
② 陈杰, 丁晓冰, 张凯. 2019年度中国社交零售报告 [J]. 知识经济, 2019（35）：12-26.
③ 闵祥歌. 基于乡村振兴背景下农村电商发展研究 [J]. 全国流通经济, 2023（7）：32-35.

选择面小，议价能力偏弱，定价权更多在商贩。农产品电子商务模式则只有农户和顾客两个环节，这样的销售模式更简单方便，既可以减少农产品的流转时间，也省去了中间商环节，农户和顾客的利益均可最大化。农村电商的推广能使农户将更多产品销售出去，提高交易效率，同时获得更大的收益。

②销售渠道更丰富。

传统的销售，面对的消费群体往往受限于地理位置，售卖的对象主要在生产地周边，当供给大于需求时，农产品无法及时销售，会出现积压直至坏掉。互联网销售平台的出现使得销售渠道增加，农产品得以更好地推广，带动了农村经济增长。

③信息获取更便捷。

农业生产和销售的传统模式中，农户与商贩之间对市场信息的获取程度和灵敏度是不对称的，农户很难及时、准确地掌握当前市场农产品的实际价格，多是根据生产经营的经验进行判断，这往往具有滞后性，容易令农户失去发展机遇，给自身经济带来损失。通过互联网平台，农户可以及时了解市场价格的实时变化，更有利于价格的合理制定，从而保障自身的经济效益。

（3）促进农村电商发展的途径

①加大对品牌化、标准化、规模化建设力度。

农产品的品质关系到农村电商的长期发展。因此，应建立农产品安全质量溯源平台，并规范农产品生产销售制度。打造乡村农产品特色品牌，提高消费者对特色农产品的认识度，提升农产品品质，提高特色农产品在同类品项中的竞争力；组织乡村进行农产品高质量、规模化生产，在实现乡村振兴的同时促进农村电商的快速发展、农业农村经济提升目标的达成。

②增强农户电商意识，打造专业电商人才团队。

人才是乡村电商发展的基础，也是保障电商团队正常运行的关键环节。乡村想要发展电商经济，必须要提升人才引进政策力度，创新人才引进方式，确保乡村人才能够"引进来，留得住"。此外，针对不同类型的电商人才进行专项培训，以此来满足不同人群的知识需求，从整体上提高农村电商人才团队的专业水平及销售能力。同时，积极与地方优秀企业进行合作，开发帮扶农村电商发展模式，为新农民讲解农村电商成功案例，激发农户参与电商发展的积极性，促进乡村电商的快速发展。

③加大对农村电商经营者的政策、资金扶持。

想要更好地发展农村电商经济，政府部门需要为电商经营体提供更多的政策、资金的支持，从规范电商经营制度、强化电商内在抗风险能力等方面，强化电商经营的抗压能力。同时，由政府牵头与地方金融机构、商业银行等进行沟通，制定相关的贷款、融资帮扶政策，搭建"由政府担保，强化金融考核，促进电商发展"的整体思路，加强央行征信体系建设，改善农村信用环境，为农村电商发展拓宽更多的资金渠道，为农村电商发展奠定良好的政策、资金基础。

④持续完善农村基础设施建设工作。

进一步加强农村基础设施建设工作，从改善交通环境、完善物流网络、加强"互联网+"覆盖范围等方面，为农村电商发展创设良好的环境。同时，构建线上销售、地方自建特色平台、第三方平台监管的农村电商发展体系，联合开发具有乡村特色的农村电商体系，进而实现农村电商的快速发展①。

1.3.2.4　电商直播

在互联网技术和新媒体技术不断融合、发展的带动下，"直播+电子商务"产业业态应运而生，改变了传统消费零售方式、营销模式、服务模式。特别是在新冠疫情发生之后，"直播+电子商务"产业快速发展，直播经济逐渐步入正轨。

"直播+电子商务"模式能够为消费者与商家进行实时沟通和互动提供良好环境，确保消费者与商家第一时间接收到对方的反馈信息，这不仅使信息传递通道有效缩短，而且还能通过为消费者提供生动的现场直播画面，提高消费者对产品的认可度和信任度。商家与主播进行直播的过程中，提供的各项实时服务，还能够提高消费者购物体验。因此，要加强对"直播+电子商务"专业人才的积极培养，始终遵循专业化、多元化的培养原则，借助"直播+电子商务"为助力我国社会经济实现全面发展创造良好环境。

1.4　电子商务平台

1.4.1　自建电子商务平台

对于较有实力的企业而言，其可以建立自己的网站开展电子商务活动。例如，苏宁电器便通过建立自己的网上商城实现在线销售（见图 1.8）。

图 1.8　苏宁易购

一个成功的电子商务网站是建立在合理的规划基础上的。网站规划是网站建设的基础和指导纲领，决定了一个网站的发展方向，同时对网站推广也具有指导意义。网站规划的主要意义就在于树立网络营销的全局观念，将每一个环节都与网络营销目标相结合，增强针对性，避免盲目性。

电子商务网站的规划是电子商务网站建设的重要步骤，决定了网站的发展方向。

①　高华. 浅析农产品电子商务发展的现状和对策［J］. 黑龙江粮食，2023（3）：84-86.

网站规划的好坏，直接影响着企业电子商务网站运营的成败。

1.4.1.1　明确建设电子商务网站的目的

网站建设的目的是开展网络营销，因此应该用全局的观念来看待网站规划。网站规划的主要意义就在于树立网络营销的全局观念，将每一个环节都与网络营销目标相结合，增强针对性，避免盲目性。

1.4.1.2　电子商务网站规划的原则

电子商务网站是企业开展电子商务活动的基础设施和信息平台。为了实现网站商务功能最大化的目标，给受众群体提供方便、实用的信息服务，在网站规划时应遵循如下原则：

（1）目的性和用户需求原则

电子商务网站是展现企业形象、介绍产品和服务、体现企业发展战略的重要平台。要开展电子商务活动，建立电商网站，就应该清楚网站供哪些人浏览、要提供哪些内容、提供怎样的服务、达到什么效果等。因此，企业必须掌握目标市场、受众群体的情况，并结合消费者的需求、市场状况、企业自身的情况等进行综合分析，做出切实可行的规划。

（2）易用性和实用性原则

伴随着人们对网站用户体验的关注度的普遍提高，网站易用性建设已不是一个新鲜的话题。欧美电子商务网站普遍重视网站易用性建设，并对其展开了系统性研究。国内领先、成功的网站也都重视网站用户体验，其中，腾讯、淘宝、百度、阿里巴巴等知名网站走在了国内网站的前列。

实用性是指网站所提供的各项信息、服务要实用，能够与访问者实现交互，能够真正为用户带来方便，而不应片面追求页面美观。国内对电子商务发展高度重视的行业，如银行业、航空业、金融业等，都十分注重网站的实用性，力求做到让用户足不出户就可以通过网站办理大量的业务。

（3）先进性、可靠性、安全性和可扩展性

网站设计作为网站规划的一个重要组成部分，应注重设计的先进性、可靠性、安全性和可扩展性。

先进性是指立足先进技术，以最先进的观点和设计思路，设计出具有先进性的网站系统，使其达到国内乃至国际领先的水平。此外，先进性还体现在网站信息内容要具备特色，做到新、精、专。

可靠性是指电子商务网站正常运作后，能够提供全年24小时不间断服务，为用户提供稳定运行保障。

安全性是指网站在互联网上执行的任何程序或提供的任何服务都是安全的、有保障的，能够有效防范黑客的攻击、病毒的侵袭，能够保证网站客户资料不被泄露，为业务及商务提供安全环境。

可扩展性是指根据实际业务量的扩大而扩大的能力。随着电子商务网站平台业务量的扩大和访问量的增长，系统应该能够具有很强的扩展能力，以适应新业务的发展和用户数量的增加。

1.4.1.3 电子商务网站规划的内容

根据不同的需要和侧重点，网站的功能和内容会有一定差别，但网站规划的基本思路是类似的。一般而言，网站规划应注重如下方面：

（1）网站定位

在规划站点设计之初，需要考虑建设网站的目的是什么、为谁提供产品和服务、能提供什么样的产品和服务、产品和服务适合什么样的表现方式，从而对网站的整体风格和特色进行定位。对此，可以对以下方面加以考虑：

①明确建立网站的目的：是局限于简单宣传公司和产品，还是实现网络销售功能；是企业需要，还是市场需求。

②明确电子商务方式所占的比例：所有业务均通过电子商务方式进行，还是只有一部分业务通过电子商务方式进行；其所占比重有多大。

③网站当前的规模及其扩展性。

（2）功能设计

网站功能设计要基于对产品的自身定位、资源优势以及相关的市场调研结果。网站功能包括会员注册、登录、留言、网络订单、在线交互功能，以及一定的搜寻服务功能等。

（3）风格设定

站点的风格能够展示企业形象、介绍企业的产品和服务、体现企业的发展战略。企业应根据消费者的需求、市场的状况、自身的情况等进行综合分析，以消费者为中心，而不是以艺术效果为中心对网站风格进行设定。

（4）内容架构

要想将网站建设成一个对消费者有吸引力的电子商务网站，网站信息内容的确定是成功的关键。网站上与主题相关的信息内容越丰富，登录上网的浏览者就越多，网站给浏览者留下的印象也就越深刻。

1.4.1.4 电子商务网站规划的流程

在建立电子商务网站前，应明确建设网站的目的，进行必要的市场分析，确定网站的功能规模、预算投入费用等。有了详细的规划，才能避免网站建设中可能出现的很多问题，网站建设才能顺利进行。电子商务网站规划流程可分为以下九个阶段：

（1）调查分析阶段

这一阶段，电子商务企业确定建站需求，专业策划人员对电子商务企业的经营环境、行业背景、服务对象等进行全面的调查分析。这一阶段的主题是确定网站建设的目标、实施策略和建站资源等。

（2）网站功能定位阶段

根据调查所得到的结果确定网站建设目标，进而确定网站的功能。网站的功能是为用户提供服务的基本表现形式，体现了一个网站的核心价值。一般而言，电子商务网站根据功能和要求的不同，可分为产品宣传型、网上营销型、客户服务型、电子商务型等。企业应根据网站建设目标合理定位，确定网站应实现的功能。

（3）内容组织阶段

这一阶段，根据网站的目的和功能组织网站内容。产品宣传型和网上营销型网站，一般包括公司简介、产品介绍、服务内容、价格信息、联系方式、网上订单等基本内容；客户服务型和电子商务类网站一般要提供会员注册、详细的商品服务信息、信息搜索查询、订单确认、网上付款、相关帮助等功能和内容。

（4）总体设计阶段

这一阶段，网站设计专业人员根据网站功能定位和相关材料对网站进行总体设计。这一阶段的主题是企业网站形象设计、网站风格设计、网站结构和布局设计、网页栏目设计、关键字位置和重复率、媒体设计制作技术的选择、信息链接、更新方法等。

（5）具体制作阶段

这一阶段，根据网站的功能定位和总体设计，确定网站技术解决方案，完成网站（页）的制作。其中，应重点考虑下列几方面：

①是采用自建网站服务器，还是租用虚拟主机。

②选择操作系统，分析投入成本、功能、稳定性、安全性等因素。

③考虑是采用系统性的解决方案，如 IBM、HP 等公司提供的企业上网方案、电子商务解决方案，还是自行开发方案。

④采取网站安全性措施，确定防黑、防病毒方案。

⑤考虑采用何种网页程序，如 ASP（X）、JSP、PHP、CGI 等。交互的程序应有前台展示和后台管理两部分。

⑥应有网页的整体布局、风格、着色、信息内容等。

（6）系统全面调试阶段

这一阶段是对制作好的网站进行性能方面的全面测试，对网站内容进行校对和调整，以确保将来网站运行时的安全性、可靠性和准确性。

（7）运行、发布阶段

在这一阶段，选择并注册合适的域名，解析至服务器，将做好的网站上传至服务器，并进行必要的设置，如绑定域名等。要对网站上的所有功能进行测试，将其性能调整到最佳状态。

（8）网站推广

网站推广是网络营销的主要内容。可以说，大部分的网络营销活动都是为了推广网站，例如发布新闻、搜索引擎登记、交换链接、发布网络广告等。网站推广活动一般发生在网站正式发布之后，当然也不排除一些网站在筹备期间就开始宣传的可能。

（9）后期维护运行阶段

网站发布之后，还要定期进行维护，主要包括服务器及相关软硬件的维护、网站的内容更新和调整等。

1.4.2　主流电子商务平台

中小企业和大型企业进行 B2B 电子商务交易的形式不同。中小企业主要借助第三方电子商务平台来完成在线交易。从浏览、收集、发布信息，到建立企业信息平台，实施网上采购，再到参与建立行业联合采购平台，完善自己的供应链管理系统等，第三方电子商务平台都起到了至关重要的作用。中小企业选择第三方电子商务平台，为其提供打包的 IT 信息及商务服务，成为中小企业电子商务发展的重要方向。

1.4.2.1　第三方电子商务平台的含义

第三方电子商务平台，泛指为独立于产品或服务的提供者和需求者提供认证、交易、支付、物流、信息增值业务等过程服务的开放式网络服务平台。当然，平台与交易双方都要遵守特定的交易与服务规范。

按照不同的平台服务对象，第三方电子商务平台可以分为 B2B 电子商务平台、B2C 电子商务平台和 C2C 电子商务平台。

1.4.2.2　典型案例：淘宝网

（1）简介

淘宝网是亚太地区较大的网络零售商圈，由阿里巴巴集团在 2003 年 5 月创立。淘宝网是中国深受欢迎的网购零售平台之一，拥有近 5 亿的注册用户数，每天有超过 6 000 万的固定访客，同时每天的在线商品数已经超过了 8 亿件，平均每分钟售出 4.8 万件商品。

（2）淘宝网传奇卖家

★柠檬绿茶：2003 年随淘宝网成长的 C2C 店卖家，年均交易额达 2 亿元，成为淘宝网最大的集市卖家。

★裂帛：2006 年诞生，2010 年销售额达 800 万元，2012 年其 C2C 店销售额达 1.88 亿元，天猫店销售额达 3 亿元。2013 年，裂帛收购天使之城，年销售额突破 10 亿元。

★韩都衣舍：2012 年销售额达 7 亿元，2013 年突破 10 亿元。

（3）淘宝网开店准备

在淘宝网开店与传统开店类似，需要有货源、硬件设备等。下面为大家介绍在淘宝网开店前期需要做哪些准备。

① 硬件准备。

★电脑及网络。

★数码相机：用于给商品拍照。

★打印机（可选）：用于订单及快递单打印，前期订单较少可以不准备。

★银行卡：需要开通网上银行，用于开店认证和在线交易。

★电子版身份证及照片。

★手机号码：需要没有注册过淘宝相关账号的手机号码。

② 货源准备。

★货源类型：服装类、运动类、珠宝类、母婴类、家电类、零食类等。

★货源渠道：自身货源、厂家货源、批发市场、阿里巴巴、品牌代理等。

③ 必备知识技能。

★基本操作：能够进行图片处理、文字处理。

★网上支付：熟悉网上支付流程和常见问题。

★产品知识：熟悉产品才能更好地为买家做介绍。

★物流知识：需要对常用物流知识有所了解，包括物流信息的查询及费用等。

★安全意识：因为是网络交易，故一定要有安全意识。

④ 开店流程。

开店流程为：淘宝开店入口→选择开店身份→选择店铺主体类型→支付宝认证→登记主体信息→实人认证→开店成功。

第一步：淘宝开店入口点击【免费开店】或手机淘宝搜索【开店】进入淘宝开店入口，如图 1.9 所示。

图 1.9　开店

第二步：选择开店身份，如图 1.10 所示。

普通商家：非达人/品牌商/大学生外的其他商家。

达人商家：抖音、快手、bilibili、微博等平台的主播/达人/明星/UP 主（个人或机构）有一定的粉丝量。

品牌商家：自有或独有品牌、有商标注册证、知名品牌推荐开天猫店，新创品牌推荐开淘宝店并进行品牌认证。

图 1.10　开店身份

第三步：选择店铺主体类型，如图 1.11 所示。

个人商家：适用于个人，需提供个人身份证、个人支付宝。

个体工商户商家：营业执照类型为"个体工商户"，需提供营业执照、法人身份证正反面照片、个人或企业支付宝等资料。

企业商家：营业执照类型为"×××公司/企业/农民专用合作社"等，需提供营业执照、法人身份证正反面照片、企业支付宝等资料。

★登录淘宝账号：若没有淘宝账号，手机验证码登录之后会自动生成淘宝账号。

填写店铺名：店铺名可修改，仔细阅读协议并勾选，点击【0元开店】，如图 1.12 所示。

图 1.11　选择店铺主体类型

图 1.12　填写店铺名称

第四步：支付宝认证，如图 1.13 所示。

完成支付宝认证，点击【去认证】或【去绑定】，按照提示流程完成支付宝认证。

图 1.13　支付宝认证

第五步：登记主体信息，如图 1.14 所示。

个人商家：需登记个人证件、经营地址、姓名、证件号等信息。

企业商家：需登记营业执照、营业执照证件号、营业执照有效期、法人证件、法人证件号、法人姓名、法人证件类型等信息。

图 1.14　登记主体信息

第六步：实人认证，如图 1.15 所示。

淘宝/千牛 App 扫码进入人脸识别系统（登录的淘宝账号需要跟申请的淘宝账号一致）。

个人开店：需信息登记的证件持有人本人刷脸认证。

企业开店：法人认证，需信息登记的法人证件持有人本人刷脸认证；非法人认证，需店铺实际经营人上传身份证件图片后完成刷脸认证。

图 1.15　实人认证

第七步：开店成功。

发布商品：开店成功后 5 周无商品店铺将自动释放，请及时发布商品经营店铺。

1.4.3 主流直播电子商务平台

自 2019 年以来，我国电商平台发展迅猛，淘宝、抖音、快手、京东、唯品会、苏宁易购、蘑菇街等电商平台站在直播风口上，抓准时机，将电商和直播相结合。诸多的电商直播平台中，平台销量尤以淘宝直播、快手、抖音三家平台领跑。

1.4.3.1 主流直播平台简介

（1）淘宝直播

淘宝直播是阿里巴巴推出的电商直播平台，定位是"消费类直播"，用户可"边看边买"，涵盖了服装、美食、美妆等多种商品类目。2016 年 3 月淘宝直播开始试运营，初开直播功能吸引了众多用户观看，淘宝直播在过去几年里实现了跨越式发展，淘宝直播带货能力极强，占据着整个电商直播 60% 以上市场份额，也是电商直播最早以及最权威的试验田。淘宝直播总经理玄德在 2020 年淘宝直播盛典上表示，2019 年，淘宝直播已积累 4 亿用户，有 100 万以上的主播成为淘宝直播生态合作伙伴，全年 GMV 超过 2 000 亿元，双十一当日直播 GMV 高达 200 亿元。

（2）快手

快手成立于 2011 年 3 月，最开始是一款制作 GIF 图片的手机应用，后来转型为短视频社区，在 2018 年 6 月开始涉及电商，涵盖自有平台——快手小店 + 第三方电商平台。快手作为国内领先的直播平台，拥有最大的活跃用户数、每日直播房间数，以及同时在线观众数，日活跃用户数超过 1.7 亿，直播日活跃用户数超过 1 亿，每天短视频上传量超过 1 500 万。

（3）抖音

抖音在 2018 年年初正式启动电商商业化，2018 年双十一期间，抖音开通购物车功能，开始初次尝试电商直播，当天订单增长 1 000%，售出商品达 10 万件，GMV 突破 2 亿元，验证了抖音的超强变现能力。抖音对接了淘宝、天猫、京东等目前最主流的电商供货平台，成为平台电商的大淘客。抖音成为卖货新入口，涉及产品类目广，目前自建的抖音小站正在孵化培育中。

1.4.3.2 电商直播平台商业变现模式

平台基因属性不同，入驻电商直播的商业变现模式也不相同，从载体到内容形式，直播正经历着更多的变化。直播的变现主要有用户打赏、承接广告、导购模式、内容付费、游戏付费、企业宣传等模式。比如，在真人出镜的前提下，主播可以通过展示自己的能力、发挥自身的优势与用户互动，从而获得用户打赏，并通过与平台分成获得收入。

对于电商直播平台，主要的商业变现模式为导购模式，在收益分成方面，电商直播以 CPS（按成交额收费）模式为主，MCN 与主播、流量平台、电商平台共同分成，长期来看平台方具备更强的收割能力。

1.4.3.3 电商直播行业趋势

（1）主播向多元化、团队向专业化方向发展

① 主播多元化。

电商直播对于专业性的要求使得主播的构成成分越来越多元化，但明星的特殊性

使得各大平台开始思考如何让明星与直播结合，明星进直播间、综艺形式等多种尝试正在进行。

② 团队专业化。

"直播+电商"涵盖选品、销量预估、备货、直播销售、发货售后等多个环节，对于主播团队专业性的要求逐步提高，团队对于相关人才的需求增长的同时筛选标准也会愈加严格，主播的优胜劣汰也会愈加激烈。

（2）对于品牌来说占领电商直播等同于占领新渠道

随着 2020 年新冠疫情的影响，更多企业开始转型，更多品牌通过直播获益，品牌方对参与直播的产品选择更加理智，低价模式也更多地以节日促销、赠品等形式合理化。部分大品牌会尝试自己建立直播体系，尤其是培养自己的主播，以此来扩大自身的话语权，提高利润率，但这一模式需要注意直播吸引力以及流量留存的问题。

1.5 客户关系管理

1.5.1 客户关系管理概述

1.5.1.1 客户关系管理的含义

客户关系管理（customer relationship management，CRM）是指通过培养企业的最终客户、分销商和合作伙伴对企业及其产品产生更积极的偏爱和喜好，留住他们并以此提升企业业绩的一种营销策略。CRM 从广泛的意义上讲，是指在企业的运营过程中不断累积客户信息，并使用获得的客户信息来制定市场战略以满足客户个性化需求。CRM 意味着观念的转变，开始以客户为中心。我们从上面的定义可以看出，CRM 不仅是一个系统、一个技术方解决方案，更是一种管理思想，这种观念的转变终将影响到CRM 实施的全过程[①]。

1.5.1.2 客户关系管理的功能

客户关系管理的功能可以归纳为三个方面：市场营销中的客户关系管理、销售过程中的客户关系管理、客户服务过程中的客户关系管理（以下分别简称为市场营销、销售、客户服务）。

（1）市场营销

客户关系管理系统在市场营销过程中，可有效帮助市场人员分析现有的目标客户群体，如主要客户群体集中在哪个行业、哪个职业、哪个年龄层次、哪个地域等，从而帮助市场人员进行精确的市场投放。客户关系管理也有效分析每一次市场活动的投入产出比，根据与市场活动相关联的回款记录及举行市场活动的报销单据做计算，就可以统计出所有市场活动的效果报表。

（2）销售

销售是客户关系管理系统中的主要组成部分，主要包括潜在客户、客户、联系人、

① 谢菲，徐宁. 电子商务发展背景下的客户关系管理对策研究［J］. 商场现代化，2020（12）：39-41.

业务机会、订单、回款单、报表统计图等模块。业务员通过记录沟通内容、建立日程安排、业务阶段划分等功能又可以有效帮助管理人员提高整个公司的成单率、缩短销售周期，从而实现最大效益的业务增长。

（3）客户服务

客户服务主要是用于快速及时地获得问题客户的信息及客户历史问题记录等，这样可以有针对性并且高效地为客户解决问题，提高客户满意度，提升企业形象。其主要功能包括客户反馈、解决方案、满意度调查等。应用客户反馈中的自动升级功能，可让管理者第一时间得到超期未解决的客户请求，解决方案功能使全公司所有员工都可以立刻提交给客户最为满意的答案，而满意度调查功能又可以使最高层的管理者随时获知本公司客户服务的真实水平。有些客户关系管理软件还会集成呼叫中心系统，这样可以缩短客户服务人员的响应时间，对提高客户服务水平起到了很好的作用。

1.5.2 客户关系维护

客户关系管理就是通过对客户大数据的深入分析，通过有效互动，增加黏性，来提高客户满意程度，从而提高企业的竞争力的一种手段。

在现代社会，企业要想长期盈利、走向强盛，就要赢得永久顾客，保持顾客忠诚度，提高顾客满意度。企业可以对自己的目标市场进行准确的定位，但要真正理解顾客需求并不容易，特别是在竞争极为激烈的零售业，顾客满意度很难与忠诚度画上等号。

随着社会经济的发展和人民收入水平的提高，顾客对于产品非功能性利益越来越重视，在很多情况下甚至超越了对功能性利益的关注。在这种状况下，谁能提供令顾客满意的服务，谁就会加快销售的步伐。客户关系维护作为企业立足市场的核心竞争力，是所有企业及相关人员在过去、现在和将来都必须重视而且作为首要工作和任务，因为它是保留客户、占取更大市场份额、进入更多市场的关键。在商业竞争中，对手可以模仿产品、定价甚至促销方式，但不能模仿服务。面对越来越激烈的商业竞争，卓越的服务不再是一种选择，而是一种必需。

那么如何才能做好客户关系维护和管理呢？

（1）发现客户价值

什么是客户？不是所有的购买者都是我们要重点关注的客户，而是重复购买，给企业带来持续利润的才是需要重点关注的客户。通过建立翔实的客户档案，进行客户概况分析、客户忠诚度分析、客户利润分析、客户性能分析、客户促销分析，根据分析找出共同点，从而发现客户的价值所在，针对不同的价值客户采取不同价值的营销手段。

（2）确立客户关系管理的目标

客户管理的目标是通过有效的客户关系管理达到缩短销售周期和销售成本，增加销售收入的目的，同时寻找扩展业务所需的新的市场和渠道，提高客户的价值，增强客户的满意度和黏度。在充分分析和调研的基础上，制定切实可行的目标，将各个指标落实到每个部门和个人，才能更有效地去执行。

1
电子商务概论

（3）树立全员服务意识

所谓全员服务意识，就是从领导到员工将服务意识纳入到整个的工作当中，是公司的价值观。让它成为一种思维模式，不能停留在口号中，提倡用细节说话。首先是企业必须不断的教育，提醒所有员工，客户是企业最重要的资产，必须真心关怀客户的处境及需要，而不只是想要卖东西给客户。其次是给客户提供有价值的服务或者给客户提高价值。企业不能仅停留在本产品的服务上，要延伸服务的半径，扩大服务的内容，通过有价值的服务为客户创造价值。最后是满足客户的个性化需求。随着社会的发展和进步，人们更注重个性化的需求。所以要针对每个客户的特点制定个性化的服务内容和形式。

（4）建立客户关系管理的制度

客户关系管理的制度是客户关系管理的准则，即使所有员工都真诚关怀客户，仍是不够的，因为企业中每个人的学识、经验以及沟通能力不尽相同，服务的效果也不一样，所以必须有一套良好的、规范的客户关系管理制度。从客户接待到客户个性化服务的跟踪检查，每个环节、每个人的客户关系管理动作都应是标准动作。

（5）创新客户关系管理的方法

客户关系管理不是一成不变的，而是随着科技的发展和客户的诉求来不断更新和变化的，要善于运用一切科学的手段来管理客户。一是增加人文情怀。客户关系管理说到底就是一种情怀的服务，情怀服务不是一个结果，而是一个过程。让客户的每一个生活细节都记载到你的客户服务系统中，让冰冷的产品包裹上你激情的过程服务，让它有温度，让它产生热度。二是运用现代科技手段。通过微信、QQ、网络平台、电子邮件、论坛等多种渠道增强客户的黏性，通过企业客户平台，做到客户信息共享，使企业员工全面了解客户关系，根据客户需求进行交易，记录获得的客户信息，对市场计划进行整体规划和评估，对各种销售活动进行跟踪，通过大量积累的动态资料，对市场和销售进行全面分析等。

1.5.3 纠纷处理

消费纠纷又叫消费争议，是指消费者和经营者之间在消费领域中因商品质量或服务过程没有达到预期状况，由此造成消费者人身、财产损失而引发的纠纷。消费争议主要有四种类型：

第一，消费者在消费过程中由于经营者不依法履行义务或者履行义务不当，致使消费者合法权益受到损害所产生的争议。

第二，消费者对经营者所提供的商品或者服务不满意所产生的争议。

第三，经营者侵犯消费者权利时所产生的争议。

第四，在消费过程中产生的其他争议。

电商领域消费纠纷具有非常特殊的性质，如纠纷的主体就非常与众不同，主体双方是通过线上进行沟通达成交易的。因纠纷主体的特殊性，网络消费纠纷的解决途径也不同于传统纠纷的解决途径。

1.5.3.1　线上纠纷+线下化解法

"互联网+"时代消费者维权的方式主要包括三种。

第一，双方自行和解。在消费者与经营者发生消费争议时，在双方自愿的基础上，通过自行协商和解，化解纠纷。这是最常见的消费维权方式，通常对于网络消费而 言，也是最快捷、最有效的消费纠纷处理方式。

第二，消费者投诉。在发生消费纠纷时，消费者如果无法与经营者达成和解，通常会通过投诉的方式进行维权。投诉途径有向企业方、平台方或消费者权益保护委员会进行投诉。一般大多数投诉的最终归属是请求消费者权益保护委员会（消保委）进行调解，这种调解的方式是对消费纠纷进行处理的主要方式之一。

第三，消费者申诉。在发生消费争议纠纷之后，消费者通过书面的形式向有关行政部门请求对争议进行处理，在申诉期间，如果双方达成和解，消费者也可以撤回申请，这种处理方式相对而言最为高效（罗红琴，2020）。

上述的消费者维权方式，虽然在一定程度上可以化解部分网络消费纠纷，但是仍然有一部分纠纷无法直接化解，存在较多弊端。以和解与调解为基础的解决机制并不能为消费者提供更多帮助，但是面对消费纠纷，又不得不去解决（王磊，2021）。由于交易双方的虚拟性，对于消费者而言，如果发生消费纠纷，其无法进行线下调解，通过线上投诉或起诉等方式，耗费的时间成本过高，并且效率很低。通过起诉时，法院的调查取证也存在一定难度，而且也会将双方的矛盾公开化，并不断扩大社会矛盾（林婷，2020）。

1.5.3.2　专业性法庭化解法

互联网法院是法院为了方便人民群众而新兴起的一项诉讼形式，这种方 式突破了时间和空间的限制，并且强调"全程在线"，使双方当事人可以"面对面"解决纠纷。互联网法院全程电子化，利用互联网平台在线完成对案件的受理、送达、庭审等程序，及时满足现代网络化的需要，满足人民群众对诉讼简单化的需求。

1.5.3.3　平台协调化解法

传统的线下纠纷解决机制对于高度网络化的网络消费纠纷已无法满足，无法高效率、低成本地解决纠纷。各电商平台为了能够高效保障网络交易的顺利进行，节约消费纠纷解决成本，淘宝网、京东商城等电商平台企业也纷纷建立了相关消费纠纷解决机制，制定相关制度，通过具体的规则、方式在线解决消费纠纷。

现在电子商务领域中所使用的消费纠纷解决机制，都是由电商平台所主导的在线纠纷解决机制，是由电商平台扮演中立第三人的角色。电商平台的权力过大，导致在实际纠纷解决过程中，可能产生平台不规范行使权力的问题发生，并且如果消费者和电商平台本身发生纠纷，那么现有的在线纠纷解决机制则无法发挥作用①。

① 梁樱. 物资采购中的供应商管理策略探究［J］. 市场观察，2020（11）：66.

1.6 电子商务的运用

1.6.1 在线旅游

随着国民经济的不断发展和人均收入的持续提高，消费者对旅游的需求不断提升。虽然 2020 年新冠疫情的突袭，给诸多行业带来了巨大的影响，旅游服务行业也不能幸免。但是，中国作为疫情防控最为成功的国家之一，旅游服务行业呈现复苏的态势。从总体上看，旅游行业仍然处于高质量发展的战略机遇期。

2021 年，中国在线旅游市场交易额达到 13 307 亿元，在线旅游市场的发展潜力巨大[①]。

1.6.1.1 在线旅游的三种形式

在线旅游是通过互联网、移动互联网及电话呼叫中心等方式为消费者提供旅游相关信息、产品和服务的行业，包括在线出行、在线住宿、在线度假等领域。

（1）在线出行

在线出行是指通过互联网、移动互联网及电话呼叫中心等方式为消费者提供旅游交通出行相关信息、产品和服务的行业。其主要包括在线机票、在线火车票、在线汽车票和在线船票。

2021 年在线出行的市场规模为 9 793.7 亿元，其中机票的市场占比达到 53%，火车票的市场占比为 43%，汽车票的市场占比为 3.8%，船票的市场占比为 0.2%。机票的在线化率最高达到了 89%，其次为火车票的在线化率为 80%。机票市场趋于成熟，整个在线出行市场在未来较长的时间内仍将保持最大的市场份额。火车票的在线化率也比较高，得益于 12306 等平台的建设，越来越多的消费者愿意在移动互联网端进行火车票的预订。

（2）在线住宿

在线住宿主要包括在线酒店和在线民宿。2021 年在线住宿的市场规模为 2 303.3 亿元。在线酒店方面，主要由酒店集团和单体酒店两部分组成。酒店集团对 OTA 网站的依赖性较低，其自身的直营网站也能吸引一部分的流量；单体酒店对在线旅游平台的依赖度较高。在线民宿的性价比较高，个性化体验感强。

住宿市场的在线化渗透率相对较好，需要更加了解消费者不同时期需求的变化情况，从而确保企业与消费市场的潮流保持一致。在线民宿的经营者要及时通过移动端与平台的经营者、消费者进行沟通，对整个市场及消费者的需求需要更细致地把握。

---

① 闫利娜，林婧. 我国旅游电子商务发展的现状，问题与应对策略分析 [J]. 中小企业管理与科技，2020（34）：46-47.

（3）在线度假

在线度假是指通过互联网、移动互联网及电话呼叫中心等方式为消费者提供旅游度假组合产品、单品门票及其他旅游出行相关产品和服务的行业，主要由在线出境游和在线国内游构成。

2021年在线度假的市场规模为1 210.1亿元。2022年12月15日，文化和旅游部下发通知，优化跨省旅游管理策略，不断推动国内旅游市场的发展，这给在线国内游带来了巨大的发展潜力。伴随着在线旅游市场用户数量的不断增长，旅游行业的在线化率会不断提高。但是，由于在线旅游产品的平均客单价相较于一般的电商商品会高一些，因此，相较于一二线的城市消费者，其他城市的大部分消费者更加倾向于通过线下的实体旅行社来满足旅游产品的需求，未来中国的在线旅游行业仍然有较大的提升空间。

1.6.1.2　在线旅游行业的发展趋势

在未来较长的时间内，消费者对旅游的需求持续增长，对在线旅游行业而言既是挑战更是机遇，需注重以下三个趋势：

（1）年轻化

以前的旅游行业较为传统，但是，随着移动智能手机的普及和降费增速措施的实施，在线旅游的用户逐渐年轻化。但是，相当比例的旅游商还保持着传统的运营方式，如在销售渠道的选择、旅游产品的推广等方面，这些方式不利于充分激发年轻用户的消费欲望。因此，在用户不断年轻化的趋势下，在线旅游行业和相关产品服务都需要去迎合年轻用户的需求。整个在线旅游行业都面临挑战，如产品呈现方式的更新、服务方式的改变等，这既是挑战，也是机遇，在线旅游行业只有把握市场的变化，迎合市场年轻化的需求，才有可能不断提升在线化率。

（2）内容化

随着旅游消费者逐渐年轻化，用户的行为习惯也不断发生变化。年轻的消费者习惯于动态的内容传播方式，如直播带货、短视频分享等，因而在线旅游行业需要适应这种变化的需要，对传播的方式和内容的容量进行转变。摒弃传统的传播方式和较少的内容容量，在线旅游行业才能吸引更多的消费者。

（3）数字化

当前，我们正处于数字化的信息时代，作为第三产业的在线旅游行业，更应该积极应对数字化的浪潮，不断加快数字化、信息化的步伐。伴随着人工智能、5G、IOT等技术的应用，在线旅游行业也迎来了数字转型发展的重要阶段。一方面，从行业的内部管理来看，数字化的转型有利于提升行业内部企业的管理效率；另一方面，从用户体验的角度来看，数字化提升了绩效管理人员的综合素养，为绩效管理工作严谨细致推进奠定了基础。在专项培训期间，除采用传统线下培训外，还可增设线上培训方式，引导绩效管理人员运用碎片化时间学习专业技能，在线上线下相结合的培训模式下，提高绩效管理培训效果。同时，数字化也完善了人员管理制度，按照绩效管理要求制定人员考核标准，借助考核衡量绩效管理人员工作开展情况，同时辅以奖惩机制，对绩效管理人员形成激励与约束，以此保障管理人员工作成效。

综上所述，文化企业在发展建设期间应提高对财政专项资金绩效管理工作的重视程度，认识到落实绩效管理的必要性，并针对现阶段存在的财政专项资金绩效管理不足进行优化，从目标、基础、流程、结果利用四个方面健全财政专项资金绩效评价体系，落实资金监督管理活动，迎合时代发展潮流更新绩效管理办法，积极应用信息管理系统。此外，应完善资金拨付管理，加强人员培养，从不同方面切实完善文化企业财政专项资金的绩效管理模式，以更好地提高绩效管理质量①。

1.6.2　在线教育

在线教育经历了从远程教育平台、培训机构转战线上、到互联网公司涉足在线教育三个阶段，在这一发展过程中，在线教育的形式和内容越来越多样化，便利程度也不断提高，越来越多的消费者开始尝试这种新型学习方式。

1.6.2.1　线上教育的现状

（1）市场规模大

据统计，截至 2020 年年底，我国在线教育市场规模已超过 5 000 亿元。这个数字足以显示出线上教育在当今社会中的重要地位。尤其在新冠疫情期间，线上教育受到广泛关注和应用，成为教育行业中的新亮点。

（2）覆盖面广

在线教育不受时间和地域限制，不同年龄、不同背景的人都可以受益。无论是青少年培训、职业技能提升，还是终身学习，线上教育都能够提供相应的服务。这也使得线上教育的受众规模不断扩大，市场潜力不断释放。

（3）教育资源丰富

网络上有着丰富的教育资源，包括在线课程、教学视频、学习资料等。教育资源的便捷性使得在线教育从根本上提高了学习和教学的效率，并且扩大了教育的覆盖范围和提升了教育质量。

1.6.2.2　在线教育的发展趋势

（1）人工智能技术的应用

人工智能技术将成为在线教育的重要发展方向。人工智能技术可以对学生的学习能力、学习习惯进行分析，为教学提供更科学的支持。同时，人工智能技术还可以为在线教育提供更加智能化的教学方案和学科资源。

（2）产业生态更加完整

在线教育作为一个服务型的行业，需要一个完整的产业生态，以充分满足社会对于在线教育的需求。随着行业主体间的合作和协同，生态系统不断完善，一些细分领

---

① DINARA I，李旭芳. 中国旅游电子商务发展现状分析 ［J］. 物流科技，2021，44（5）：79-80，83.

域也会形成自己的互联网平台，不断为用户提供更加便捷且个性化的教育服务。

（3）"教育+科技"模式探索

未来在线教育将与科技融合得更加深入。例如，虚拟现实、增强现实等技术将会广泛应用。这些新技术将缓解传统教学模式因师资和时间等因素带来的瓶颈，为学习者提供更丰富的学习体验和更加真实的学习环境。

总之，在线教育是未来教育的一个重要发展方向。在线教育行业的市场规模和受众覆盖面都在不断扩大，这为在线教育提供了源源不断的发展动力。我们有理由相信，线上教育将在未来的时间里继续成为支撑社会发展的重要力量。

1.6.3 互联网医疗

互联网医疗是一种随着科技的发展，利用互联网和信息平台，将互联网和传统行业相结合的思维方式和发展方式，它能够创造出一种新的发展理念，改变医疗行业的服务模式。

目前，我国正积极推行"互联网+"行动计划，即促进互联网与现代制造业的深度连接，与此同时，互联网与医疗领域的跨界融合也引起了社会的广泛关注，"互联网+医疗"模式是融合了互联网与传统医疗的创新模式，也创新了当前医疗行业的发展模式。①

1.6.3.1 互联网医疗服务模式的优势

（1）优化医疗服务流程，节约时间且节省支出

医院实行网上挂号和预约挂号、缴费、查看电子发票、检验检查报告等服务，提高了老百姓就医便利化程度，该服务能够节约老百姓来院就诊时间以及院内转诊的时间，还可以节省路程的费用等支出，并且大大降低了来院就诊引起交叉感染的可能性。

（2）推进分级诊疗，缓解就医压力

患者可以先在公众号或 App 线上问诊，查看医生坐诊时间，确定到哪家医院或者分支机构就诊，也可以选择在线诊疗，让数据多跑路。这为患者赢得了宝贵的就医时间，提高了患者对医疗机构的满意程度。

（3）提升医疗服务水平，满足患者医疗需求

"互联网+医疗"服务模式使医疗机构通过线上服务与线下诊疗工作相结合，嵌入移动互联、物联网、大数据为代表的现代技术，改变了医疗服务的途径与模式，满足了患者的多元化医疗需求，拓宽了医疗机构的服务范围，提高了服务质量。

（4）改善医患关系，促进医患交流

"互联网+医疗"服务模式改善了就医流程，方便了患者与医生之间的沟通，同时普及基本的医学知识，从而方便了患者线下诊疗服务，加强了医生和患者间的交流。这在为群众带来便捷优质的医疗服务的同时也提高了医疗整体水平，可以有效地改善

---

① 李欣慧，李明，王阳，等. 互联网医疗风险分析及防控建议［J］. 中国卫生法制，2023，31（1）：102–105.

医患关系。

（5）改善医疗人才资源利用不当的问题

我国医师行业存在总量不足、分布不均，医疗人才资源未得到充分合理利用等问题，医生将自己的从医经历、擅长治疗的疾病及空闲时间传至平台，平台结合患者提供的信息、数据进行系统化的整理与分析，自动匹配合适的医患关系，充分合理地利用了医疗人才资源。

1.6.3.2　互联网医疗服务模式的发展

（1）基于大数据、云平台的"互联网+医疗"服务模式

大数据作为一种应用系统，云平台则是一种技术解决方案，将两种技术应用于"互联网+医疗"服务模式是一种全新的创新模式，能够全面向患者提供个人信息、健康检查、疾病诊断以及治疗方案等服务。大数据、云平台能够构建高效的医护工作站，满足临床医护人员对业务的操作，如全息视图查看、病历科研分析、病历临床教学、病历综合管理等。

（2）基于无线通信技术的"互联网+医疗"服务模式

无线通信技术是目前发展最快、应用最广的通信方式，利用移动通信技术、远程控制技术的"互联网+医疗"服务模式打破了空间和时间的限制，让医疗服务触手可及，不仅包括医院移动医护、移动支付、远程诊疗等医疗服务，还包括各类移动终端的 App 医疗服务，如手机 App、微信公众号等。随着互联网 5G 技术的普及，移动终端服务功能的不断完善，医疗机构会不断提升移动服务的质量，患者从而可以通过无线通信技术远程问诊，实现健康管理的动态化[①]。

1.6.4　电子政务

电子政务产生于 20 世纪 90 年代，其定义随着实践的发展而不断更新。电子政务主要是指政府在国民经济和社会信息化的背景下，以提高政府办公效率，改善决策和投资环境为目标，将政府的信息发布、管理、服务、沟通功能向互联网迁移的系统解决方案和全新的管理模式。

广义电子政务的范畴包括所有国家机构；狭义的电子政务主要包括直接承担管理国家公共事务、社会事务的各级行政机关。结合政府管理流程再造，构建和优化政府内部管理系统、决策支持系统、办公自动化系统，为政府信息管理、服务水平的提高提供强大的技术和咨询支持，使政府的执政能力提高到一个新的层次[②]。

1.6.4.1　我国地方政府电子政务的应用现状

经过近 30 年的发展，我国智慧城市、数字经济、5G 等信息化取得了很大的成就，为我国电子政务建设提供了有利的基础和保障。我国地方电子政务的建设过程大致经历了以办公自动化建设为核心、以行政监督为核心、以公共服务为核心三个阶段。

---

①　金会生. "互联网+医疗健康"标准化建设分析［J］. 中国质量与标准导报，2023（1）：23-25.
②　黄伟. 浅析新时代电子政务发展新趋势［J］. 中国管理信息化，2021，24（2）：186-187.

（1）基本实现政府部门内部的办公自动化，信息共享成为主流

经过近30年的发展，各级政府以实现机关内部办公信息化为核心的办公自动化系统建设取得成效，中央、省、市分别建立各类机关内部办公业务系统，涵盖党政机关公文传输、网上办公、档案管理、信息采编和行政事务等各类业务，初步建立了网上办公手段和应用环境。从具体应用效果看，政府内部通过网络化沟通和信息共享，办公效率得到极大提高。

（2）政务信息化建设取得明显成效，行政监管能力大幅度提高

"十三五"时期，我国政务信息系统整合共享实现新突破，重大工程建设取得新成效，政务服务水平跃上新台阶，基础设施统筹取得新进展，国家电子政务内网初步建成，网络信息安全保障达到新水平。

（3）初步完成了由管理型向服务型转变

党的十八大以来，党中央高度重视以信息化推进国家治理体系和治理能力现代化，强调要加快推动电子政务，打通信息壁垒，构建全流程一体化在线服务平台，助力建设人民满意的服务型政府。当前，通过电子政务的建设和应用，我国政府职能已经由"以人为本"的管理手段变更为"人性化、个性化"的公共服务，初步完成了由管理型向服务型转变①。

1.6.4.2　电子政务发展趋势

（1）电子政务发展将成为衡量国家实力的标志

在信息全球化的浪潮里，数字化转型是不可逆转的趋势。因此，打造更为完善的数字政府俨然成为各个国家的发展目标，同时各个国家也将自身数字政府建设的先进化程度作为展现自身国力的重要标志。大数据时代使信息技术与社会各领域各产业更加紧密地联系起来，电子政务的创新发展将会引领全社会顺应信息时代，助力全社会现代化发展。

（2）电子政务发展将助力经济社会高质量发展

在培育数字社会的过程中，数字政府扮演着决策者、分配者、领导者的角色，对数字化转型下数字理念、数字精神、数字环境的形成发挥着巨大的影响力，促进了经济社会各领域数字化转型，电子政务对推动经济社会高质量发展的作用必将日益凸显。

（3）电子政务发展将使整体联动机制更好地运用到管理中

为顺应数字化发展变化，政府需要结合机构改革的具体情况在管理中不断作出调整。结合转变政府职能、深化"放管服"改革，"数据+业务+管理+服务+决策"的整体联动机制在大数据时代应运而生，推动了职责明晰、纵横联动、协同治理、全面进步的数字政府发展新格局，使电子政务管理体制与整体联动机制进一步完善，提高了管理效能。

---

① 石宇良. 中国电子政务的发展现状与态势［J］. 领导科学论坛，2019（18）：58-74.

（4）电子政务发展将进一步优化政府资源配置

相较于传统的政府治理模式，数字政府着力以管理协同、数据共享等新角度为切入点，对政府治理模式加以创新改革。电子政务在信息技术的帮助下，通过对数据资源的分析，将促进政府行政资源配置更加公平、高效、精准，进一步提升政府资源配置能力。

由于科技的发展，电子政务已经变成我国政府日常工作的一部分，它不仅可以促进政府职能的转换，提升政府部门工作绩效，还能够极大地提高政府办公效能，对社会发展产生了巨大的影响。

【知识小结】

电子商务是通过互联网和数字技术进行商业交易和活动的过程。电子商务的发展极大地改变了传统商业模式和消费者行为习惯。电子商务概论部分在电子商务基本理论的基础上，梳理了电子商务的现行法规、商务模式、商务平台、实践应用，并力求反映电子商务领域的最新发展，

本章首先对电商的现状、发展和相关法规进行了简要描述；其次介绍了电子商务的发展模式，除现行四种电商模式外，对新兴移动电商、社交电商和农村电商也进行了探讨；再次对电子商务平台和客户关系管理进行了阐述；最后对电子商务在旅游、教育、医疗和政府方面的运用进行了介绍。

【课后习题】

一、判断题

1. 电子商务的安全性是一个多层次、多方位的系统概念。 （　　）

2. 定金的法律性质是债权的担保。债务人履行债务后，定金不应当抵作价款或者收回。 （　　）

3. 直播的变现方式是用户打赏，主播可以通过展示自己的能力、发挥自身优势与用户互动，获得用户打赏。 （　　）

4. 客户关系管理就是通过有效互动、增加黏性来提高客户满意程度，从而提高企业的竞争力的一种手段。 （　　）

5. 消费纠纷又叫消费争议，是指消费者和经营者之间发生的纠纷。 （　　）

二、单选题

1. 在商务活动的四种基本流中，（　　）最为重要。

    A. 物流   B. 商流

    C. 资金流   D. 信息流

2. 下列关于电子商务的说法正确的是（　　）。

    A. 电子商务的本质是技术   B. 电子商务就是建网站

C. 电子商务是泡沫　　　　　　　　　　D. 电子商务的本质是商务

3. 客户关系管理与客户服务的区别不包括（　　　）。

  A. 主动性不同　　　　　　　　　　B. 最终目标不同

  C. 对待客户的态度不同　　　　　　D. 与营销的关系不同

4. 在商务活动的四种基本流中，（　　　）是唯一不能在网上完成的。

  A. 物流　　　　　　　　　　　　　B. 商流

  C. 资金流　　　　　　　　　　　　D. 信息流

5. 下列不属于电子商务基础平台的是（　　　）。

  A. 内部网系统　　　　　　　　　　B. 身份认证

  C. 支付网关　　　　　　　　　　　D. 客户服务中心

6. 以下购物模式中，属于社交电商的是（　　　）。

  A. 当当购书　　　　　　　　　　　B. 淘宝买菜

  C. 天猫购物　　　　　　　　　　　D. 阿里批发

7. 电子现金的特征不包括（　　　）。

  A. 虚拟性　　　　　　　　　　　　B. 安全性

  C. 可储存性　　　　　　　　　　　D. 重复性

8. 整体客户成本不包括（　　　）。

  A. 上网费用　　　　　　　　　　　B. 机会成本

  C. 学习成本　　　　　　　　　　　D. 时间成本

9. 以下不属于在线医疗优势的一项是（　　　）。

  A. 安全准确　　　　　　　　　　　B. 共享资源

  C. 降低成本　　　　　　　　　　　D. 增加互动

10. 农村电商的优势在于（　　　）。

  A. 产品新鲜　　　　　　　　　　　B. 质量稳定

  C. 价格便宜　　　　　　　　　　　D. 提高交易效率

三、多选题

1. 下列选项中，（　　　）是电子商务的主要功能。

  A. 企业网络经营　　　　　　　　　B. 企业信息发布

  C. 网上购物　　　　　　　　　　　D. 网上招投标

  E. 网上聊天

2. 驱动电子商务发展的主要因素有（　　　）。

  A. 现代工业的发展　　　　　　　　B. 信息产业的发展

  C. 各国政府的推动　　　　　　　　D. 新闻媒体的炒作

  E. 军事竞争的需要

3. 下列不属于个人商务活动特点的有（　　　）。

  A. 以满足个人生存需要为直接目标　　B. 是最终的消费行为

C. 以个人意识为基本影响因素　　　D. 对社会生产无影响的行为

E. 是毫无规律可循的行为

4. 无形商品的电子商务运作模式有（　　　）。

A. 网上订阅模式　　　　　　　　B. 付费浏览模式

C. 广告支付模式　　　　　　　　D. 网上赠与模式

5. 电子商务环境与传统商务有较大的区别，下面阐述正确的有（　　　）。

A. 产品形态市场和资本形态市场中的商务活动主要属于电子商务

B. 信息形态市场的商务活动主要属于电子商务

C. 在传统商务中，人文环境的影响无处不在，而在电子商务中，则其影响相对较弱

D. 政府部门在电子商务中仍是重要的影响因素，甚至是决定因素

**任务实践**

任务名称	"直播+电商"产品营销策划方案的制订		
任务背景	当前，大众消费从传统购物模式向电子商务转变，我国网络购物规模增长迅猛，已呈现全民化趋势。电子商务交易的个性化、自由化可为企业创造更多商机，同时更好地建立同客户、经销商、合作伙伴的关系。为此，你所在的公司（小组）需要对公司的产品进行一场"直播+电商"的营销活动。 请和组内成员一起讨论完成该产品"直播+电商"的营销策划方案。 注意：选择一个产品完成此次营销策划活动，所选择的产品需要能够在现场展示。		

任务描述	序号	任务内容	难度
	1	活动背景介绍	容易
	2	活动主题设计	较难
	3	具体流程设计	一般
	4	直播人员、物料、设备等细节安排	一般
	5	活动预算测算	一般

任务报告（不少于 800 字）

电商直播技能实训教程

		任务评价		
评价类别		评价内容	分值	教师评分
知识评价	1	电商基本知识和理论的掌握	15	
	2	产品与所选电商平台的契合度	5	
	3	方案中客户关系管理体现度	5	
	4	方案中无违法违规情节	5	
	5	电子商务运用的掌握	15	
能力评价	1	流程正确	10	
	2	电商平台的操作正确	5	
	3	直播宣传、准备、设备、产品梳理等细节完成度	10	
素养评价	1	良好的人文社会科学素养	10	
	2	具有创新意识	10	
	3	具有大局意识和前瞻性	10	
总分				

2 | 网络营销概论

 项目要求

　　网络营销是基于互联网和社会关系网络连接企业、用户及公众，向用户及公众传递有价值的信息与服务，为实现顾客价值和企业营销目标所进行的规划、实施及运营管理活动。网络营销是企业整体营销战略的一个组成部分，是以互联网为基本手段，营造网上经营环境并利用数字化的信息和网络媒体的交互性来辅助营销目标实现的一种新型的市场营销方式。直播选品作为网络营销的一种形式，需要结合网络营销的理念和实践来展开。

　　本章以直播选品为项目开展教学实训。首先，在进行直播选品之前，需要了解网络营销的基础知识，包括网络营销的定义、特点、渠道、策略等。这些知识将为后续的直播选品提供必要的理论基础。其次，根据网络营销的目标和市场调研的结果，制定相应的网络营销策略。这包括产品定位、目标受众、渠道选择、价格策略、促销活动等。同时还需要考虑网络营销的特点，如搜索引擎优化、社交媒体营销、内容营销等。再次，选择适合的直播平台是进行直播选品的重要步骤之一，需要考虑平台的用户群体、流量情况、直播功能等因素，同时还需要了解平台的使用规则和合作方式，以便更好地开展直播选品活动。最后，在进行直播之后，需要进行推广和传播。这包括利用社交媒体、博客、短视频等渠道进行宣传和推广；同时还需要考虑搜索引擎优化、关键词广告等付费推广方式，以便更好地提高直播的曝光率和点击率。

　　直播选品项目实践，需要学生全面掌握网络营销知识和技能，同时还需要学生具备创新思维和数据分析能力。通过实训的实践操作，可以更好地提高学生的实际操作能力和就业竞争力。

 学习目标

【知识目标】

➢了解熟悉网络营销相关理论和实现方式。

➢熟悉网络营销政策法规。

➢掌握网络营销市场分析和营销调研的内容。

➢掌握网络营销策略。

➢熟悉掌握网络营销常见平台和常用方法。

【能力目标】

➢能够进行网络营销市场分析活动。

➢能够开展网络营销调研，并获得实践结果。

➢能够选择合适的网络营销策略。

➢能够对常见网络营销平台和常用方法进行分析及使用。

【素质目标】

➢学生应该具备职业素养素质，能够遵守职业道德和规范，具有良好的职业操守和职业道德，能够在网络营销中保持诚信和公正，树立良好的企业形象和品牌形象。

➢学生应该具备营销思维素质，能够理解和掌握市场营销的基本理论和方法，了解市场需求和消费者需求，掌握市场调研和营销策略的制定方法。

➢学生应该具备创新精神素质，能够在网络营销中发现和创新商业机会，提出创新的营销策略和方案，具有创新意识和创新能力。

➢学生应该具备团队合作素质，能够与他人合作完成营销项目和任务，具有良好的沟通和协作能力，能够有效地解决团队合作中的问题、应对挑战。

学习导图

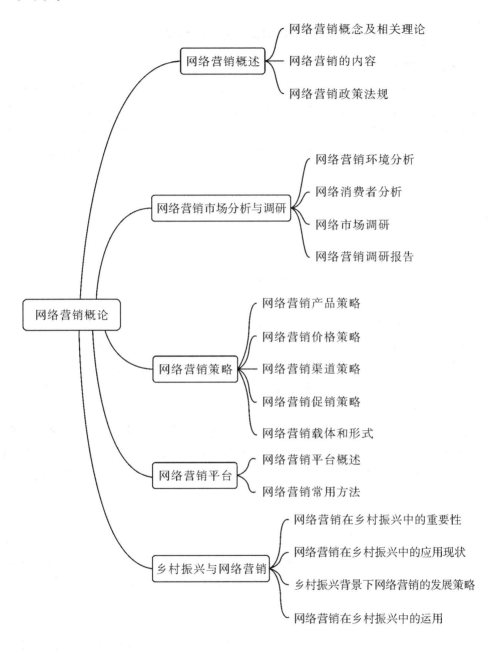

网络营销概论

- 网络营销概述
  - 网络营销概念及相关理论
  - 网络营销的内容
  - 网络营销政策法规
- 网络营销市场分析与调研
  - 网络营销环境分析
  - 网络消费者分析
  - 网络市场调研
  - 网络营销调研报告
- 网络营销策略
  - 网络营销产品策略
  - 网络营销价格策略
  - 网络营销渠道策略
  - 网络营销促销策略
  - 网络营销载体和形式
- 网络营销平台
  - 网络营销平台概述
  - 网络营销常用方法
- 乡村振兴与网络营销
  - 网络营销在乡村振兴中的重要性
  - 网络营销在乡村振兴中的应用现状
  - 乡村振兴背景下网络营销的发展策略
  - 网络营销在乡村振兴中的运用

2

网络营销概论

案例导入

竹叶青：迅速崛起的茶叶品牌①

一、峨眉山诞生新品牌

峨眉山是我国重点风景旅游区之一，山门上"天下名山"四个大字是郭沫若所写。历代文人都赞美峨眉之秀丽，唐代诗人元稹有"锦江滑腻蛾眉秀"，南宋诗人范成大有"三峨之秀甲天下"的诗句。峨眉山产茶历史悠久，唐代就有白芽茶被列为贡品。宋代诗人陆游有诗曰："雪芽近自峨嵋得，不减红囊顾渚春。"明代峨眉山白水寺（今万年寺）种茶万株，采制入贡。

竹叶青是源自四川峨眉山的绿茶品牌，在中国茶行业几千年来长期"有品类，无品牌"的历史背景下，其是中国第一家开始品牌化运作的茶企。经过20多年的品牌化运作，竹叶青从一个偏居峨眉山一隅、亏损累累濒临倒闭的小茶厂，成为当之无愧的川茶骄傲和中国高端绿茶的领先品牌，创造了中国茶企的奇迹，缔造了中国高端绿茶品牌佳话。竹叶青的崛起，自然离不开品牌塑造的六大支柱。

二、支柱一——产品质量

创品牌，产品质量是第一步②。

（一）出自名山

峨眉山之所以是历史上著名的茶叶产区，与其所处独特的地理位置、优越的生态环境不无关系。竹叶青，恰是峨眉山茶叶的典型代表。

（二）长于仙境

名山出好茶，竹叶青产区尤为讲究，位于峨眉山海拔800米~1 500米的高山特定茶区。这里群山环抱，森林茂盛，终年云雾缭绕，茶树接受光照时间短、光照强度低，茶叶因此香气浓、滋味醇、鲜爽、品质好。该地区被联合国专家称为世界上同纬度生物、植被保护最好的地区，这种环境特别适合茶树生长。

（三）工艺精湛

以论道竹叶青为例：茶园位于海拔1 000米上下特定区域；采摘标准——春茶第一轮鲜嫩单芽；确定制茶大师经十八道工序纯手工制作，精心拣别；据说从500万个产自峨眉山的鲜嫩单芽中才能挑出500克合格的论道竹叶青产品。同时，竹叶青公司引进一流加工设备。

（四）质检严格

公司坚持抓好产品质量和管理体系建设，先后通过了ISO 9001和ISO 2000质量体系认证、HACCP食品安全控制体系认证、"绿色食品"认证、"无公害产品"认证、"QS"认证③。

① 何亮，陈锐，李剑虹，等. 市场营销案例分析及实践实训［M］. 成都：西南财经大学出版社，2019.
② 红乐. 竹叶青茶：中国茶叶品牌第一家［J］. 国际公关，2015（1）：62-63.
③ 娄向鹏. 竹叶青：中国当代茶品牌的标杆［J］. 茶世界，2010（2）：18-22.

三、支柱二——品牌设计

(一) 上天恩赐

1964 年 4 月 20 日,时任外交部长的陈毅元帅来到峨眉山考察,在万年寺与老僧人品茗对弈时对所品之茶赞不绝口,并取名"竹叶青"。从此,竹叶青声名不胫而走,茶业界更因此增添了一段传奇佳话①。

(二) 商标注册

峨眉山竹叶青茶业有限公司于 1998 年成立,一开始公司就以"竹叶青"作为茶叶的品牌名称、商品名称以及企业名称。但是,由于茶行业的惯有思维,以及商标保护意识较差,"竹叶青"茶叶商品名称被许多茶农广泛使用,造成"叶"出多门,甚至出现仿冒品。每到采茶季节,来自沪、苏、浙、鲁及川内等地的客商云集峨眉山,恶性收购并倾销茶叶,"鸡毛遍地",一时间竹叶青声名狼藉。

(三) 确权保护

峨眉山竹叶青茶业有限公司首先争取到四川各级政府的大力支持,接着公司拿起法律的武器,展开了争取"竹叶青"商标权独家使用的诉讼大战。经过艰苦的努力,峨眉山竹叶青茶业有限公司最终取得了胜利。1999 年 9 月,国家工商行政管理总局(现为国家市场监督管理总局)商标评审委员会对茶叶"竹叶青"商标注册不当一案做出终局裁定,自此四川峨眉山竹叶青茶业有限公司独家拥有"竹叶青"商标的专用权。这在我国茶叶发展史上从无前例、绝无仅有,具有重大而深远的意义。

四、支柱三——品牌定位

峨眉山竹叶青茶业有限公司针对不同的细分市场,目前共推出四种不同品牌名称的产品。"论道·竹叶青"及"竹叶青"品牌采用的是文化定位,对于"碧潭飘雪"则从竞争维度进行品类定位,而"宝顶雪芽"则从产品维度根据产品利益进行定位②。

(一) "论道·竹叶青"

应人而生的"论道"饱含中国茶文化内敛平和的精髓,它不招摇张扬,在峨眉千年茶史中历经世事,历练一生。所谓集大成者,大象无形,道隐无名。

(二) "竹叶青"

茶品与中国人的关系非常微妙,从"柴米油盐酱醋茶"的排列来看,茶属于中国人生活中的必需品。平常心,竹叶青。这是竹叶青品牌策划者头脑中刹那间的灵光闪现,这句口号随即成了竹叶青创作的源泉。

(三) "碧潭飘雪"

竹叶青通过打造高端产品品牌"论道",获得了高端消费者的认同。但也因其高定价策略,很难满足普通消费者的饮茶需求。于是,竹叶青人通过深入研究四川本土的饮茶习惯,有针对性地打造了一款全新产品"碧潭飘雪"。

"碧潭飘雪"颠覆了传统茉莉花茶低质低价的做法,精选峨眉山脉高海拔明前绿茶与广西壮族自治区横县伏天茉莉花瓣窨制六次而成。因此,"碧潭飘雪"将自己定位为中国高端茉莉花茶。

① 唐先洪,宋少俊,刘祥云,等. 竹叶青茶业品牌经营之路 [J]. 中国茶业,2006 (1):32-34.
② 贾晓婷."竹叶青"系列广告的表现特色及启示 [J]. 江苏理工学院学报,2014 (6):40-43.

（四）宝顶雪芽

作为竹叶青产品组合中的低端品牌，"宝顶雪芽"直接从功能性利益出发，强调自己不发酵，保持成分更完整，将自己定位为"鲜醇"好喝的绿茶。

五、支柱四——品牌文化

（一）论道生活馆

建设论道生活馆，以高端富有品位的调性，结合茶的产品体验，让消费者在互动体验中获得了品牌认同感。真实的场景体验对于文化的传递会更有张力。竹叶青基于这种思考，在生活馆中特别增添了体现论道文化的元素，并通过组织馆中的活动和表演，彰显品牌文化的内涵，让人们在品茶的同时，品味"茶禅一味"的东方哲学。

（二）东西合璧

竹叶青邀请了著名的商业设计大师陈幼坚先生及其武汉东情西韵设计有限公司担当设计。其公司被 Graphis 杂志选为世界十大最佳设计公司之一，是唯一获此殊荣的华人设计公司。他成功地将西方美学和东方文化糅合在一起，既赋予作品传统神韵又使作品不失时尚品位的优雅，让人体会到了东西合璧的唯美，其设计风格更能体现论道的品牌内涵。

（三）同道论道

正如"论道"找到陈幼坚进行设计一样，论道的消费者们也在寻找可以与自己一起"论道"的人和事，这既是一种需求也是一种精神①。这种精神是：不求所有人都懂我，只求我的同道能懂我——"同道论道"。对于所有选择"论道"产品的消费者，竹叶青都力图向他们传输这种论道精神。

（四）生态茗园

竹叶青通过积极开展茶文化活动赋予竹叶青品牌深厚的文化内涵，提升品牌的美誉度和生命力。公司于 2002 年 10 月斥资 1.56 亿元，征地 280 亩，经过近两年的建设，于 2004 年 9 月建成峨眉山竹叶青生态茗园暨四川乐山国家农业科技园区茶叶科技园。该园是集茶文化展示、品茗休闲、生态茶园观光和茶叶加工工业旅游于一体的茶文化主题公园，也是竹叶青展示其企业文化和川茶文化的窗口。整个园区由"茶博园""茗青苑""生态园""科研生产加工厂区"和数十个茶文化景点组成。

六、支柱五——整合营销传播

好的品质和文化是品牌成功的必要条件，但企业要进一步发展，还需传播助力。即便是最有名的茶企，每年一掷重金在各大媒体投放广告的成本也非常高昂，这对茶行业来说并不可取。如何安排有限的宣传费用成为竹叶青最棘手的问题之一②。

（一）明艳不可方物

茶叶最好销售的时间是春季，尤其是清明前后。刚上市的新茶被众多爱茶人士追捧，因此，竹叶青决定将一年中的大部分预算集中在这个时期使用。

对于高端茶品牌而言，央视仍是树立品牌形象的最佳平台。

"论道·竹叶青"茶的目标受众是懂得品味生活、有一定经济基础的商务人士。因

---

① 徐大伟. 表表面面论道·竹叶青 [J]. 广告大观，2009（7）：46-47.
② 静心. 竹叶青京城"论道"，以平常心做大品牌 [J]. 中国广告，2009（6）：98-99.

此，竹叶青选择了在商务人士喜欢阅读的《三联生活周刊》《财经》等知名杂志上刊登清新雅致的平面广告。

（二）跨界翘楚

2006年4月，"论道·竹叶青"作为唯一获得邀请的中国品牌参加了在摩纳哥举办的世界顶级奢侈品展。

2008年6月，"论道·竹叶青"被中华人民共和国商务部欧洲司选为赠送俄罗斯时任总统梅德韦杰夫的礼品茶。

2015年7月，《大鱼海棠》上映前夕，竹叶青茶获得《大鱼海棠》官方授权，以"匠心精神"惺惺相惜，联合出品"至美绿茶，至美国漫"专属珍藏款，并向爱好《大鱼海棠》和竹叶青茶的网友限量众筹。这是一个关于自由、成长和梦想的众筹，众筹资金将用于《大鱼海棠》竹叶青茶联合限量款的包装设计、制作以及产品的制作。

2016年1月，第十二届"胡润百富"颁奖晚宴上，竹叶青荣膺"中国千万富豪最受青睐的茶叶品牌"，成为该奖项成立十二年来首次上榜的中国茶叶品牌。

2016年3月，竹叶青在北京选择了神州专车作为跨界合作的帮手，北京地区用户乘坐神州专车即可获赠竹叶青春茶礼盒一份，突出好车配好茶的概念。

2019年，竹叶青再度荣获"世界绿茶金奖"。

2020年，竹叶青获选"迪拜世博会中国馆礼宾绿茶"。

2021年，竹叶青入选"全球十大高端名茶"。

2022年春茶上市之际，竹叶青ⓒ成为春晚顶流——舞蹈诗剧《只此青绿》拿下Topdigital创新营销艺术文化大奖，是唯一获得该奖项的品牌。

竹叶青五次蝉联"中国品牌实力指数榜"茶叶类第一名。

2022年，竹叶青ⓒ再次以唯一茶品牌登榜"中国500最具价值品牌"，同时刷新了品牌自身排名，标志着中国茶品牌发展跃上新高度。

（三）新媒体传播

初期阶段：竹叶青茶叶品牌最初的网络营销主要是通过建立自己的官方网站和微博账号来进行品牌推广和产品销售。在这个阶段，竹叶青茶叶品牌主要依靠传统的网络营销手段，如搜索引擎优化、电子邮件营销等方式来吸引潜在客户和提高品牌知名度。

2010年，随着以微博、微信为代表的新媒体的快速发展，中国迎来自媒体时代，媒介环境发生了翻天覆地的变化，对营销传播者也提出了苛刻的要求。竹叶青在当年便开通了官方微博@竹叶青茶，是茶行业最早开通官方微博的一批企业。

中期阶段：随着社交媒体的兴起和普及，竹叶青茶叶品牌开始将重心转向社交媒体营销。品牌在微信、微博等社交媒体平台上建立了自己的账号，并通过发布有价值的内容、互动活动等方式来吸引潜在客户和提高品牌知名度。此外，竹叶青茶叶品牌还通过与知名博主、网红等合作来扩大品牌影响力和忠诚度。

2015年10月，竹叶青推出"十月，绑定微信有好礼"活动。只要关注竹叶青官方微信，绑定会员专区，即可享受买赠特惠活动。

2016年4月，竹叶青绿茶正式入驻知名微信圈层正和岛微商城。为了祝贺在正和岛微商城上线，竹叶青特别推出春茶限量定制装。这个春天，茶友们可以在这里定制一份"春天里",和新朋老友一起看春天的自然生长与生命自由,开始一年中最好的时光。

现阶段:竹叶青茶叶品牌在网络营销方面已经实现了全面升级和转型。品牌在社交媒体上不仅发布有价值的内容,还通过直播、短视频等方式来进行产品展示和推广。此外,竹叶青茶叶品牌还利用大数据和人工智能等技术来进行精准营销,通过定向发布广告、个性化推荐等方式来提高客户转化率和销售额。

"竹叶青茶叶小镇"活动:竹叶青茶叶品牌在 2017 年推出了"竹叶青茶叶小镇"活动,通过在当地建立一个以茶文化为主题的小镇,来推广品牌和产品。活动中,品牌邀请了知名博主和网红来到小镇参观和体验,同时也开展了一系列的互动活动和茶文化体验,吸引了大量的粉丝和潜在客户。

"竹叶青茶叶文化节"活动:竹叶青茶叶品牌在 2018 年推出了"竹叶青茶叶文化节"活动,通过在当地举办以茶文化为主题的文化节,来推广品牌和产品。活动中,品牌邀请了知名茶艺师和文化名人来到现场演示和讲解,同时也开展了一系列的互动活动和茶文化体验,吸引了大量的粉丝和潜在客户。

"竹叶青茶叶直播节"活动:竹叶青茶叶品牌在 2020 年推出了"竹叶青茶叶直播节"活动,通过在直播平台上进行产品展示和推广,来吸引潜在客户和提高品牌知名度。活动中,品牌邀请了知名主播和网红来到直播间进行产品展示和推广,同时也开展了一系列的互动活动和抽奖活动,吸引了大量的粉丝和潜在客户。

(四)与围棋结缘

竹叶青茶业有限公司与围棋结缘,由来已久。2004 年,竹叶青成为中国国家围棋队指定用茶;2007 年,竹叶青和中国棋院共同主办了"全民健身,与奥运同行竹叶青棋·茶青藏行"围棋西部普及活动;2008 年,竹叶青以中国茶文化的代表品牌,成为首届世界智力运动会指定礼品,将"平常心"这一东方智慧,化为淡泊隽永的生活哲学、围棋之道[1]。从 2009 年开始,竹叶青茶业有限公司已经成为欧洲围棋大会之类国际围棋赛事的唯一中国赞助商,从中国迈向世界[2]。

七、支柱六——地方政府的支持

农业企业和品牌的成功运作离不开政府的扶持,竹叶青茶业有限公司成立之初,就是在政府的帮扶下获得独家使用"竹叶青"商标的权利的。为使竹叶青尽快做大做强,地方政府除了在政策上给予倾斜外,在资金上也加大了扶持力度,每年的各种扶持资金达到 400 万元,重点支持竹叶青茶业有限公司创立品牌、扩大规模、做强企业等方面。正是政府扶持的四两拨千斤的作用,使竹叶青插上了腾飞的翅膀,迅速做大做强[3]。

"竹叶青不只是竹叶青",而是中国绿茶的代名词;"竹叶青不只是竹叶青",而是拥有多品类多品牌的绿茶企业。从竹叶青的品牌发展背景来看,其目前正身处更上一层楼的位置。

① 阿佩克思策略团队. 主力品牌:竹叶青洞悉平常心 [J]. 广告人,2007 (3):22-27.
② 李隆宇. 浅析中国茶叶产品的广告表现特色:以竹叶青广告为例 [J]. 中国集体经济,2013 (3):116-117.
③ 查道生,何汉华."竹叶青"创名牌的启示 [J]. 茶业通报,2010 (3):99-101.

竹叶青茶叶品牌的网络营销发展历程经历了从传统营销到社交媒体营销再到现代化营销的全面升级和转型。品牌通过不断创新和巧妙的营销策略，成功地利用了网络营销的各种手段和渠道，提高了品牌知名度和客户忠诚度，同时也促进了销售额的增长。

资料来源：

何亮，陈锐，李剑虹，等. 市场营销案例分析及实践实训 ［M］. 成都：西南财经大学出版社，2019.

思考：

本项目结合竹叶青茶叶品牌案例，分析具有国际影响力的茶叶品牌，在推动自创品牌、农产品品牌方面的协调发展。竹叶青通过品牌故事营销、社交媒体营销、情感化营销等开展系列网络营销活动，成功地将品牌推向市场，取得了良好的销售业绩和品牌声誉。同时，也弘扬了兼收并蓄中国传统管理智慧。请结合案例阐述其中包含了哪些网络营销知识点，以及竹叶青茶叶有限公司是怎样创造中国茶企的奇迹的，是怎样缔造了中国高端绿茶品牌佳话的。

2.1　网络营销概述

2.1.1　网络营销概念及相关理论

伴随网络科技的发展，互联网技术对国人来说已并不陌生，网络的普及，让每个人都或多或少地对网络知识有所了解。自 1998 年以来，我国的网民数量逐渐增多，从网络上获取实时信息已成为人们了解社会发展的重要手段。这时，网络营销模式应运而生，企业和商家利用网络的广泛性来宣传自己的产品，更多的人选择网上购物。据2021 年"双十一"购物节阿里巴巴公布的数据，天猫淘宝"双十一"全天成交金额达到 9 651 亿元。从中可以看出，网络营销模式已经在逐步替代传统营销模式，它的发展已经势不可挡。

2.1.1.1　网络营销的概念及特点

（1）网络营销的概念

网络营销（On-line Marketing 或 E-Marketing）产生于 20 世纪 90 年代，互联网媒体以新的方式、方法和理念，通过一系列网络营销策划、制定和实施的营销活动，可以更有效的促成交易的新型营销模式。它是企业整体营销战略的一个组成部分，是为实现企业总体经营目标所进行的以互联网为基本手段营造网上经营环境的各种活动，包括信息发布、信息收集以及开展以网上交易为主的电子商务的整个过程。简单地说，网络营销就是以互联网为主要手段进行的，为达到一定营销目的的营销活动。

（2）网络营销的特点

互联网将遍布全球的各种组织、企业和个人跨时空地联结在一起，使相互间的信息交流变得"唾手可得"。互联网所创造的营销环境使得营销活动的范围和方式变得更加宽广和灵活，使得网络营销借助网络平台表现出如下特点①。

①跨时空。

营销的最终目的是占有市场份额，由于互联网能超越时间约束和空间限制进行信息交换，因此使得脱离时空限制达成交易成为可能，企业能有更多时间和更大空间，24 小时随时随地提供全球性营销服务，及时了解和把握网上虚拟市场的消费者特征和消费者行为模式的变化，为企业在网上虚拟市场进行营销活动提供可靠的数据分析和营销依据。

②多媒体。

互联网可以传输声音、文字、图像、视频等多种媒体信息，使得为达成交易进行的信息交换能够以多种形式存在和交换，可以充分发挥人们的创造性和能动性，设计出个性化的营销手段和方式。

③交互式。

互联网可以展示商品目录、连接资料库进行有关商品信息的查询，可以与顾客互动双向沟通，可以收集市场情报，可以进行产品测试与消费者满意度调查等。它是产品设计、商品信息提供以及服务的最佳工具。

④拟人化。

互联网上的促销是一对一的、理性的、以消费者为主导的、非强迫性的、循序渐进的低成本与人性化的促销，避免了推销员强制推销的干扰，并通过信息提供进行交互式交谈，与消费者建立长期良好的关系。

⑤成长性。

互联网使用者数量快速增长并遍及全球，使用者多为有较高教育水平的年轻人，购买力很强，具有很强的市场影响力，因此是个极具开发潜力的市场渠道。

⑥整合性。

互联网作为新兴的营销渠道，从商品信息收集至收款、售后服务一气呵成。同时，企业可以借助互联网将不同的营销活动进行统一规划设计和协调实施，以统一的传播方式向消费者传达信息，避免不同传播渠道中的不一致而产生的消极影响。

⑦超前性。

传统书本，从策划，到拟稿，到编辑，到发行，历时至少几个月，但是互联网信息更新最快几秒钟就能到达每个用户。互联网还是一种功能强大的营销工具，它兼具渠道、促销、电子交易、与顾客互动以及市场信息分析等功能，其所具备的一对一营销能力正是企业营销的未来趋势。

⑧高效性。

网络平台可以存储大量的信息待消费者查询，可传送的信息数量与精度远超过其他媒体，并能适应市场需求及时更新产品或调整价格，因此能及时有效地了解并满足顾客的需求。

⑨经济性。

网络营销具有显著的经济性。第一，通过网络营销平台进行广告投放可以大幅度

① 龚丽，王娟，王航鹰. 网络营销实务. ［M］. 长沙：中南大学出版社. 2020：7-8.

降低营销成本。与传统的广告宣传方式相比，网络广告的成本更为低廉，同时也能实现更加精准的目标受众定位。第二，网络营销不受时空限制，可以随时随地为消费者提供产品和服务，从而有效提高销售效率和扩大市场范围。此外，网络营销可以对用户行为数据进行分析，为企业的营销策略提供更加精准的指导。另外，网络营销还可以实现低库存、高流转的经营模式，降低企业的生产和运营成本，提高企业的经济效益。

2.1.1.2 网络营销相关理论

网络营销是基于网络及社会关系网络连接企业、用户及公众，向用户及公众传递有价值的信息与服务，为实现顾客价值及企业营销目标所进行的规划、实施及运营管理活动。网络营销是企业整体营销战略的一个组成部分，是为实现企业总体经营目标所进行的，以互联网为基本手段，营造网上经营环境并利用数字化的信息和网络媒体的交互性来辅助营销目标实现的一种新型的市场营销方式。网络营销的理论基础主要有网络直复营销理论、网络关系营销理论、网络软营销理论和网络整合营销理论以及网络体验营销。

（1）网络直复营销理论：直复营销是一种为了在任何地方产生可度量的反应和（或）达成交易而使用一种或多种广告媒体的相互作用的市场营销体系。其特征包括强调双向信息交流、顾客与营销人员直接沟通、具有全球性和持续性、可以测定效果。

（2）网络关系营销理论：关系营销是指建立、维系和发展顾客关系，致力于建立顾客忠诚度。其特征包括宏观上营销影响一系列领域，微观上注重保持与顾客的长期关系；争取一个新顾客的营销费用是保持老顾客费用的 5 倍；互联网实现双向沟通，为顾客提供更好的服务。

（3）网络软营销理论：软营销强调尊重消费者的感受和体验；软营销的主动方是消费者；互联网应该遵循软营销规则；网络社区自发形成或者通过利益驱动形成，但是成员都是受尊重的；网络礼仪。

（4）网络整合营销理论：顾客的重要性提高，4P'S 理论转化为 4C'S 理论（顾客、成本、方便、沟通）。其特征包括产品和服务以顾客为中心；以顾客接受的成本来定价；产品的分销以方便顾客为主，实行一对一、跨时空销售；交互式营销加强与顾客沟通和联系。

（5）网络体验营销理论：营销过程中要考虑消费者的情感需要，注重顾客体验，把体验看作顾客价值的组成部分，强调企业与顾客互动，强调顾客参与。其特征包括互联网为体验营销提供了好的环境；网络互动性适合体验营销发展；网络营销注重顾客忠诚。

综上所述，这些网络营销相关理论对网络营销有着重要的影响，为企业提供了更加完善的营销策略和方法，帮助企业更好地满足消费者的需求并提高自身竞争力。

2.1.2 网络营销的内容

实践证明，网络营销可以在网络品牌、网络推广、信息发布、销售促进、网络销售、客户服务、客户关系维护和网络调研八个方面发挥作用①。

（1）网络品牌

网络营销的重要任务之一是在互联网上建立并推广企业的品牌。知名企业的线下品牌可以在线上得以延伸；一般企业则可以通过互联网快速树立品牌形象，提升企业整体形象。网络品牌的构成包括以下方面。

①网络名片，包括名称、Logo、网站域名、移动网站域名、第三方平台形象、网络关键品牌词等。

②企业官方平台，包括 PC 端网站、移动端网站、官方 App、小程序等，具体内容包括网站名称、Logo、风格、主色调、内容等。

③网站的网页等级/重要性（PageRank，PR）。

④企业搜索引擎表现，如付费广告、搜索结果排名等。

⑤网络上关于公司的软文、舆情和评价等。

⑥官方自媒体平台，包括企业的官方微博、官方微信公众号、自媒体平台、直播平台、短视频平台等在网络中的表现及与网民互动的情况。

从网络品牌的组成可以看出来，无论是新建立的网络品牌还是传统品牌的网络拓展，都要经历从无到有，从默默无闻到具有网络知名、网络美名和网络可信度的过程。因此，通过网络曝光和网络互动，企业可以提升品牌的知名度、美誉度和可信度。

（2）网络推广

这是网络营销最基本的职能之一，其目的是让更多的客户对企业产生兴趣，并通过访问企业网站、App、第三方平台内容，利用网站、App、第三方平台的服务来达到提升品牌形象、促进销售、增进企业与客户的关系、降低客户服务成本等效果。相对于其他功能来说，网络推广显得更为迫切和重要，企业平台所有功能的发挥都要以一定的访问量为基础。所以，网络推广是网络营销的核心工作。获得必要的访问量是网络营销取得成效的基础，特别是中小型企业，由于经营资源的限制，发布新闻、投放广告、开展大规模促销活动等宣传机会比较少，因此通过互联网手段进行网络推广的意义显得更为重要，这也是中小型企业对网络营销更为热衷的主要原因。即使是大型企业，网络推广也是非常有必要的，事实上许多大型企业虽然有较高的知名度，但网站访问量并不高。

（3）信息发布

网站是一种信息载体，通过网站发布信息是网络营销的主要方法之一。同时，信息发布也是网络营销的基本职能，所以也可以这样理解：无论选择哪种网络营销方式，结果都是将一定的信息传递给目标人群，包括客户/潜在客户、媒体、合作伙伴、竞争者等。

信息发布需要一定的信息渠道资源，这些资源可分为内部资源和外部资源。内部资源包括企业网站、官方 App、小程序、第三方网络平台、微博/微信公众平台、短视频平台等；外部资源则包括新闻网站、行业网站、搜索引擎、供求信息发布平台、网络广告服务资源、百科、问答平台、合作伙伴的网络营销资源等。掌握尽可能多的网

---

① 惠亚爱，乔晓娟，谢蓉. 网络营销推广与策划. ［M］. 北京：人民邮电出版社. 2019：8-11.

络营销资源，并充分了解各种网络营销资源的特点，向潜在客户传递尽可能多的有价值的信息，是网络营销取得良好效果的基础。

（4）销售促进

营销的基本目的是为增加销售提供帮助，网络营销也不例外，大部分网络营销方法都直接或间接地与销售促进有关，但销售促进并不限于促进网上销售。事实上，网络营销在很多情况下对于促进线下交易十分有价值。

（5）网络销售

一个具备线上交易功能的企业网站本身就是一个线上交易场所，网络销售是企业销售渠道在线上的延伸。网络销售渠道建设也不限于网站本身，还包括建立在综合电子商务平台上的网上商店，以及与其他电子商务网站不同形式的合作等。因此，网络销售活动并不仅是大型企业才能开展的，不同规模的企业都有可能拥有适合自己需要的网络销售渠道。

（6）客户服务

互联网提供了更加方便的在线客户服务手段，包括形式最简单的常见问题解答（FAQ）、电子邮件、邮件列表，以及在线论坛和各种即时信息服务等。在线客户服务具有成本低、效率高的优点，在提高客户服务水平方面具有重要作用，同时也直接影响到网络营销的效果。

（7）客户关系维护

良好的客户关系是网络营销取得成效的必要条件。网站的交互性、客户参与等方式在开展客户服务的同时，也增进了客户关系。客户关系是与客户服务相伴而产生的一种结果，良好的客户服务才能带来稳固的客户关系。

（8）网络调研

企业不仅可以采用在线调查表等网络调研方式，还可以使用大数据调研等调研方法。与传统市场调研相比，网络调研具有高效率、低成本的特点。因此，网络调研成为网络营销的主要职能之一。

2.1.3　网络营销政策法规

网络营销的健康有序发展离不开法律、法规和保障，要保障消费者权益、维护市场竞争秩序、保护个人信息以及规范网络营销行为等。在网络营销的发展过程中，相关的法律、法规也在逐步完善和加强。与网络营销相关的法律、法规如下。

（1）2019 年 1 月 1 日起实施的《中华人民共和国电子商务法》为电子商务活动提供了法律框架，规范了电子商务经营者的行为，保护了消费者的合法权益。这部法律明确了电子商务经营者的注册和纳税义务，规定了电子商务合同的成立和履行，以及争议解决方式等。

（2）2017 年 6 月 1 日起实施的《中华人民共和国网络安全法》旨在保障网络安全，维护网络空间主权和国家安全、社会公共利益。这部法律对网络运营者的网络安全保护义务进行了规定，并明确了在网络空间收集、使用个人信息的基本原则。

（3）2015 年 9 月 1 日起修订实施的《中华人民共和国广告法》对广告活动进行了规范，包括广告内容、广告发布、广告代言等。这部法律明确了广告应当真实、合法，不得含有虚假或者引人误解的内容，并规定了广告代言人的法律责任。

（4）2018 年 1 月 1 日起修订实施的《中华人民共和国反不正当竞争法》旨在维护市场公平竞争秩序，禁止不正当竞争行为。这部法律明确了一系列不正当竞争行为，包括虚假宣传、商业贿赂、侵犯商业秘密等，并规定了相应的法律责任。

（5）2014 年 3 月 15 日起实施的新修订的《中华人民共和国消费者权益保护法》对消费者的权益进行了保护，规范了经营者的行为。这部法律明确了消费者的知情权、选择权、公平交易权等，并规定了经营者应当遵守的义务。

（6）2021 年 1 月 1 日起实施《中华人民共和国民法典》中关于网络营销的规定主要体现在电子合同的成立和履行、网络虚拟财产的保护、个人信息保护以及电子商务争议解决等方面。这些规定为网络营销活动提供了法律保障和规范，也为企业和消费者提供了权益保障。在进行网络营销活动时，企业和个人都需要遵守相关政策法规，合法合规地进行推广和销售。

（7）2021 年 11 月 1 日起实施的《中华人民共和国个人信息保护法》旨在保护个人信息权益，规范个人信息处理活动。这部法律明确了个人信息的范围和保护原则，规定了个人信息处理者的义务和责任，并设置了严格的法律责任制度。

（8）2023 年 5 月 1 日起实施的《互联网广告管理办法》汲取了《中华人民共和国广告法》《中华人民共和国电子商务法》以及其他相关法律、行政法规的经验，进一步明确了广告主、互联网广告经营者和发布者、互联网信息服务提供者的责任；积极回应社会关切，对人民群众反映集中的弹出广告、开屏广告、利用智能设备发布广告等行为做出规范；细化了"软文广告"、含有链接的互联网广告、竞价排名广告、算法推荐方式发布广告、利用互联网直播发布广告、变相发布须经审查的广告等重点领域的广告监管规则；新增了广告代言人的管辖规定，为加强互联网广告监管执法提供了重要制度保障，也为互联网广告业规范有序发展赋予了新动能。

此外，还有一些涉及互联网内容管理、网络安全审查、知识产权保护等方面的政策法规，如《互联网信息服务管理办法》《网络安全审查办法》《中华人民共和国著作权法》等，都对网络营销活动产生了一定的影响。

总的来说，网络营销的政策法规涵盖了电子商务、网络安全、广告、反不正当竞争、消费者权益保护、个人信息保护等多个方面。这些政策法规为网络营销活动提供了法律保障和规范，也为企业和消费者提供了权益保障。在进行网络营销活动时，企业和个人都需要遵守相关政策法规，合法、合规地进行推广和销售。

2.2　网络营销市场分析与调研

2.2.1　网络营销环境分析

市场营销环境是存在于企业营销系统外部的不可控或难以控制的因素和力量，这些因素和力量是影响企业营销活动及其目标实现的外部条件。

网络营销环境分析是指对网络营销外部和内部环境的评估和分析，以确定机会和威胁，制订营销策略和计划。企业开展网络营销活动的前提是明确认识网络本身对营销活动的影响，从而做到企业营销活动与网络的完美结合，使网络在市场营销应用方面取得显著的效果。网络营销的现实环境，就是在网络与营销做到比较完美的结合后，对网络营销活动造成直接或间接影响的各种因素的总称。

根据对企业网络营销活动的直接影响程度，网络营销环境可以分为企业内部微观环境、企业外部微观环境与宏观环境三个层次[①]，如图 2.1 所示。

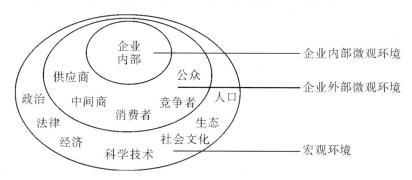

图 2.1　网络营销环境

企业内部微观环境是指企业内部的各种因素和要素，包括企业内部的组织结构、管理制度、人力资源、技术水平、产品质量、营销策略等，这些部门密切配合，实现企业市场营销的完整过程。

企业外部微观环境包括外部直接影响公司的行动者与力量，如供应商、中间商或中介、消费者、竞争者和公众。

宏观环境是指间接影响企业营销活动的不可控制的社会力量，包括人口环境、经济环境、科学技术环境、政治法律环境、社会文化环境、生态环境等全局性因素。宏观环境对企业的短期影响可能不大，但对企业的长远发展具有重大影响。因此，企业在开展网络营销活动时，需要重视宏观环境的影响。

2.2.2　网络消费者分析

网络消费者分析是指对网络消费者的特点、需求、行为和偏好进行评估和分析，以确定如何满足他们的需求和期望。以下是网络消费者分析的主要方面。

（1）消费者特点分析

消费者特点分析包括对年龄、性别、教育程度、收入水平等方面的评估，以确定目标消费者的特点和需求。

（2）消费者需求分析

消费者需求分析包括对消费者的需求、期望、偏好等方面的评估，以确定如何满足消费者的需求和期望。

（3）消费者行为分析

消费者行为分析包括对消费者的购买行为、消费习惯、购买决策等方面的评估，

① 王玮. 网络营销［M］. 2 版. 北京：中国人民大学出版社. 2022.

以确定如何影响消费者的购买行为和决策。

（4）消费者心理分析

消费者心理分析包括对消费者的态度、信念、价值观等方面的评估，以确定如何满足消费者的心理需求和期望。

（5）消费者反馈分析

消费者反馈分析包括对消费者的评价、反馈、投诉等方面的评估，以确定如何改进产品和服务，提高消费者满意度和忠诚度。

通过对网络消费者的分析，企业可以了解目标消费者的特点、需求和行为，制订相应的营销策略和计划，提高市场竞争力和效率。

2.2.3 网络市场调研

企业开展网络营销，就要做网络营销调研。由于本地市场规模有限，竞争激烈，不少企业把目光投向网络，希望借助网络营销开发外地市场。

四川蒙顶山茶进行网络市场调研，了解品牌在网络上的表现和竞争情况，为品牌的网络营销提供参考和建议。蒙顶山茶品牌的成功经验表明，网络营销是品牌推广和传播的重要手段，需要不断加强网络营销的投入和力度，提高品牌在网络上的曝光度和影响力。

2.2.3.1 网络营销调研的定义

网络营销调研是指在网络上针对特定营销环境进行简单调查设计、收集资料和初步分析的活动。网络营销调研的内容一般针对市场需求、消费者购买行为、营销因素等方面。

2.2.3.2 网络营销调研方法

网络营销调研有两种方式：一种是利用网络直接进行问卷调查等收集一手资料，即网络直接市场调查；另一种是利用互联网的媒体功能，在网络上收集二手资料，即网络间接市场调查①。

（1）网络直接市场调查

这种调查方式主要采用站点法辅以电子邮件法通过互联网直接进行。网络直接调查的突出特点是时效性很强、效率很高，初步调查结果可以在调查过程中得出，便于实时跟踪调查过程，分析深层次原因。

①站点法。

站点法是指将调查问卷设计成网页形式，附加到一个或几个网站的 Web 网页上，由浏览这些站点的用户在线回答调查问题的方法。站点法属于被动调查法，这是目前网上调查的基本方法，其也将成为近期网上调查的主要方法。例如，海尔公司在网上利用问卷直接进行的调查就是网上直接调查。

②电子邮件法。

电子邮件法是以较为完整的电子邮件地址清单作为样本框，使用随机抽样的方法通过电子邮件发放问卷，并请调查对象以电子邮件的形式反馈答卷。

---

① 何亮，何苗，柳玉寿，等. 电子商务专项技能实训教程［M］. 成都：西南财经大学出版社，2019.

（2）网络间接市场调查

网络间接市场调查信息的来源如下：

①利用搜索引擎。

搜索引擎是互联网上的一种网站，其功能是在网上主动搜索 Web 服务器的信息，并将其自动索引，其索引内容存储于可供查询的大型数据库中。常用的搜索引擎有百度、谷歌等。

②访问专业信息网站和国际组织。

通常这些专业信息网站都是由政府或一些业务范围相近的企业或某些网络服务机构创办的，如中国广告信息网、中国商品交易市场网、中国机电工商网、中国粮食贸易网等。

现列举几个国际组织：

联合国（United Nations）。其发布有关国际的和国别的贸易、工业和其他经济方面的统计资料，以及与市场发展问题有关的资料。

国际贸易中心（International Trade Center）。其提供各种产品的研究、各国市场介绍资料，还设有答复咨询的服务机构，专门提供由计算机处理的国际市场贸易方面的全面、完整、系统的资料。

国际货币基金组织（International Monetary Fund）。其发布有关各国和国际市场的外汇管理、贸易关系、贸易壁垒、各国对外贸易、财政经济发展情况等资料。

世界银行（World Bank）。其是世界银行集团的简称，国际复兴开发银行的通称，也是联合国的一个专门机构。世界银行成立于 1945 年，1946 年 6 月开始营业，由国际复兴开发银行、国际开发协会、国际金融公司、多边投资担保机构和国际投资争端解决中心五个成员机构组成。

世界贸易组织（World Trade Organization，WTO），是一个独立于联合国的永久性国际组织。世界贸易组织的职能是调解纷争，加入 WTO 不算签订一种多边贸易协议。它不仅是贸易体制的组织基础和法律基础，还是众多贸易协定的管理者、各成员贸易立法的监督者，以及为贸易争端提供解决方法和进行谈判的场所。

此外，一些国际性和地方性组织提供的信息资料，对了解特定地区或国际经济集团、经济贸易、市场发展、国际市场营销环境也是非常有用的[①]。

③通过新闻组（Usenet）获取商业信息。

随着互联网的发展，一些商业机构或企业迅速进入新闻组，使其逐渐丧失非商业化的初衷，各种商业广告散布其中，纯商业性的讨论组也大量涌现。因此，通过这类新闻组获取商业信息也是途径之一。如 www.dejanews.com 是 Web 界面的新闻组，带有查询功能，其集中了一万多个讨论组，用户可以很方便地搜索自己所需的信息。

④利用 BBS 获取商业信息。

在互联网日趋商业化的今天，能够吸引无数上网者的 BBS 当然也会成为商业活动的工具。如今，网上有许多商用 BBS 站点，如网易 BBS 站点。另外还有一些网络服务机构在网站上开设了商务讨论区，如金桥信息网和中国黄页供求热线。

① 何亮，何苗，柳玉寿，等. 电子商务专项技能实训教程［M］. 成都：西南财经大学出版社，2019.

⑤通过其他企业的产品掌握市场信息。

对于其他企业推出的新产品，我们可以通过分析其网上买卖情况，了解消费者的倾向和心理，掌握市场趋势，从而制定相应的市场营销策略。我们可以到淘宝网、易趣网、当当网等网站查看其他企业的经营状况，如产品的价格、包装、品质、目标人群等，以此来制定本企业的营销策略。

2.2.3.3 网络营销调研流程

网络营销调研流程见图 2.2。

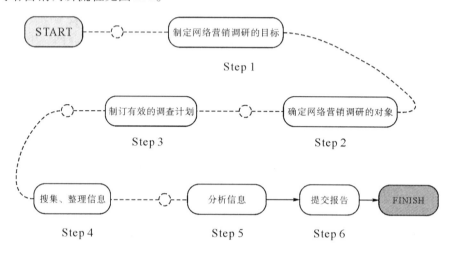

图 2.2 网络营销调研流程

（1）制定网络营销调研的目标

在设计网络市场调查问卷之前，应首先确定调查的目标，即在此次市场调查中，希望达成什么样的目标。如前面提到的蒙顶山茶品牌，其在市场调研中可能会希望得到以下信息：市场对绿茶的需求，网络购买者的购买动机，购买者的购买途径，网上绿茶的等级标准、价格、包装，以及影响绿茶销售的一些其他因素等。

（2）确定网络营销调研的对象

网络市场调查的对象，主要分为企业产品的消费者、企业的竞争者两大类。上述调查主要考虑网络购买者的个人特征、消费水平、消费习惯产生的对产品的要求，如绿茶的包装规格、价格等。对竞争者的调研主要集中在本地几家绿茶厂的网络营销状况上。

（3）制订有效的调查计划

网络营销调研首先必须确定是收集一手资料还是二手资料。上述调查主要使用两种方法：一是进行问卷调查，二是收集二手资料。

（4）收集、整理信息

利用互联网做市场调查，可同时在全国或全球进行。信息收集的方法也很简单，直接在网上搜索下载即可。

（5）分析信息

信息分析的能力相当重要，因为很多竞争者都可从一些知名的商业站点看到同样的信息。调查人员应从收集的数据中提炼出与调查目标相关的信息，并在此基础上对有价值的信息迅速进行反馈。

（6）提交报告

调研报告的填写是整个调研活动的最后一个阶段。报告不是数据和资料的简单堆砌，调研人员不能把大量的数字和复杂的统计技术直接交给管理人员，而应把与市场营销关键决策有关的主要调查结果以正规的调查报告格式书写出来。

公司应该妥善利用这些调查来的信息，从而改善企业的产品与服务质量。即使调查结果存在某些不合理的地方，也应该以客观的、顾客的角度来理解调查所获得的信息，而不是仅仅将调查信息放置在一边。

企业应通过以上这些有效的方法，促使被调查者积极参与调查。另外，企业要能够理解这次调查的目的是提供更好的产品与服务，而且能够从参与的调查中获得物质上的收益[1]。

2.2.3.4　主题实施

（1）根据上述内容，设计以下调查问卷。

先生/女士：

您好！为了了解您对蒙顶山茶的需求，我们希望您能协助填写这份调查表。调查结果仅供研究使用。非常感谢您的大力支持！

年龄：A. 18 岁以下　B. 18~25 岁　C. 26~35 岁

性别：A. 男　B. 女

职业：A. 学生　B. 自由职业者　C. 公司职员　D. 家庭主妇　E. 其他

①您经常访问哪些购物网站（可多选）：

  A. 淘宝网　　　　　　　　　　B. 易趣网

  C. 当当网　　　　　　　　　　D. 卓越网

  E. 拍拍　　　　　　　　　　　F. 其他

②您是通过何种途径了解蒙顶山茶的（可多选）：

  A. 网络宣传　　　　　　　　　B. 朋友介绍

  C. 商店出售　　　　　　　　　D. 其他

  E. 我不了解

③您对网上购物的顾虑是（可多选）：

  A. 网络安全（信用卡信息、个人信息等）

  B. 货物质量　　　　　　　　　C. 配送速度

  D. 配送费用　　　　　　　　　E. 网页设计不好，查找和订货困难

  F. 登记手续烦琐　　　　　　　G. 售后服务无保障

  H. 其他

④如果在网上购物，哪种支付方式更适合您：

  A. 货到付款　　　　　　　　　B. 邮局电汇

  C. 信用卡付款　　　　　　　　D. 银行转账

  E. 网上支付

① 何亮，何苗，柳玉寿，等. 电子商务专项技能实训教程［M］. 成都：西南财经大学出版社，2019.

⑤您喝茶的频率：

    A. 一天多次   B. 一天一次

    C. 一周几次   D. 不怎么喝

⑥您喝过蒙顶山茶吗：

    A. 经常喝   B. 从未喝过

    C. 偶尔   D. 会尝试一下

⑦您对绿茶的包装规格有什么要求：

    A. 10 克以下的小包装   B. 50~250 克的包装

    C. 250 克的包装   D. 500 克的包装

⑧您对绿茶的等级有什么要求：

    A. 等级越高越好   B. 便宜的

    C. 一般的

⑨您认为目前网上蒙顶山茶的价格如何：

    A. 高   B. 便宜

    C. 正常

⑩您在网上购买绿茶更看重（单选题）：

    A. 产品的质量   B. 公司的信誉

    C. 价格   D. 包装

    E. 随便买

⑪您希望购买到什么样的蒙顶山茶？请简单描述一下。

（2）将上述问卷投放到本企业的网站。

（3）采用搜索引擎或利用一些专业网站收集相关信息。

（4）采取网上交流的形式，如用电子邮件传输问卷，接触调查的主体。

（5）到主要竞争对手的网站或店铺收集相关信息。参与市场经营的企业是市场信息的重要来源之一，因此可以写信给这些企业的外联部门索取商品目录、产品资料、价目表、经销商、代理商、批发商和经纪人一览表、年度报告等，得到有关竞争者的大量资料，了解竞争的全貌和竞争环境。

（6）企业市场调查人员也可以在各种传播媒体上，如报纸、电视或有关杂志上刊登相关的调查问卷，并公告企业的电子邮箱和网址，让消费者通过电子邮件参与调查，以此收集市场信息。采用这种方法，调研的范围比较广，同时可以减少网络营销调研中相应的人力和物力消耗①。

2.2.4   网络营销调研报告

网络营销调研报告是指对网络营销相关数据和信息进行收集、整理、分析和总结的报告。网络营销调研报告的常见内容须包含：

（1）市场概况

网络营销调研报告首先会对市场概况进行介绍，包括市场规模、增长趋势、竞争

① 何亮，何苗，柳玉寿，等. 电子商务专项技能实训教程［M］. 成都：西南财经大学出版社，2019.

格局等。这些信息可以帮助企业了解市场的整体情况和发展趋势，为制定营销策略提供参考。

（2）消费者行为

网络营销调研报告还会对消费者行为进行分析，包括消费者需求、购买行为、消费心理等。这些信息可以帮助企业了解消费者的需求和偏好，为制定营销策略提供参考。

（3）竞争对手分析

网络营销调研报告还会对竞争对手进行分析，包括竞争对手的产品、营销策略、市场份额等。这些信息可以帮助企业了解竞争对手的优势和劣势，为制定营销策略提供参考。

（4）营销渠道分析

网络营销调研报告还会对营销渠道进行分析，包括各种营销渠道的优劣势、使用情况、效果等。这些信息可以帮助企业了解各种营销渠道的特点和适用范围，为选择合适的营销渠道提供参考。

（5）营销策略建议

网络营销调研报告最后会根据以上分析结果，提出相应的营销策略建议。这些建议可以帮助企业制订具体的营销计划和方案，以实现最大化的利润和市场竞争力。

2.3　网络营销策略

1960 年，著名的市场营销学者杰罗姆·麦卡锡（Jerome McCarthy）在其著作《基础营销》中首次提出将企业的市场营销组合要素概括为产品（product）、价格（price）、渠道（place）、促销（promotion），即著名的 4P 理论。西方的市场营销理论界认为影响企业市场营销的因素有两种：一种是企业不能控制的，如政治、法律、经济、人文、地理等环境因素，称为不可控因素；另一种是企业可以控制的，如产品、定价、分销、促销等营销因素，称为可控因素。4P 理论就是针对企业的可控因素提出的营销组合理论。企业营销活动的实质是一个不断利用内部可控因素来适应外部环境的过程，即通过对产品、价格、渠道、促销的计划和实施，对外部不可控因素做出积极的反应，从而促成交易并实现个人与组织的目标。因此，在 4P 营销组合理论中，市场营销活动的核心在于制定并实施有效的营销组合。

2.3.1　网络营销产品策略

2.3.1.1　网络营销产品概念

网络营销产品是指通过互联网和数字技术推广和销售的产品或服务。它可以是实体产品，如电子产品、服装、食品等，也可以是数字产品，如软件、游戏、电子书等。网络营销产品的特点是可以通过互联网和数字渠道进行销售和推广，具有全球范围内的潜在市场和更低的营销成本①。

网络营销产品的整体概念包括产品的设计、生产、销售和服务等方面。在产品设计方面,需要考虑产品的特点、目标市场和竞争对手等因素,以确定产品的差异化和竞争优势。在产品生产方面,需要考虑生产成本、质量控制和供应链管理等因素,以确保产品的质量和可靠性。在产品销售方面,需要考虑销售渠道、定价策略和促销活动等因素,以吸引和保留客户。在产品服务方面,需要考虑售后服务、客户支持和反馈等因素,以提高客户满意度和忠诚度。以下是产品的五层次结构,如图 2.3 所示。

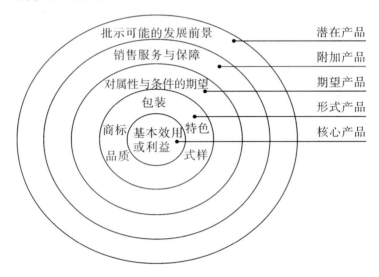

图 2.3 产品五层次结构②

(1) 核心产品

核心产品是指产品提供给消费者的基本效用和利益。其目的或满足需要,或追求美感,或达到期望。顾客购买某种产品并不是购买产品本身,而是购买产品所具有的使用价值(功能和效用),以及这种使用价值给他们带来的消费利益。例如,女性顾客购买"青春宝"美容胶囊是为了使肌肤更白、更细、更光洁,这就是产品整体概念中最基本、最主要的部分。由此可见,某一产品能否被市场接受,不仅取决于能否提供这一产品,更重要的是取决于它能否给购买者带来某种实实在在的利益,使其需求得到满足。

(2) 形式产品

形式产品是产品在市场上出售时的具体形态,通常表现为产品的品质、特色、式样、品牌、包装五个方面。如电视机画面的清晰度、音质的好坏、款式的新颖、品牌的知名度等。形式产品是核心产品的载体,由于形式产品更为直观和形象,更易为消费者所理解,因而也是企业和顾客沟通、表现核心产品的有效工具。企业极其重视对其产品包装、造型、商标的设计和营销组合策略的运用,道理就在于此。

---

① 王玮. 网络营销 [M]. 2 版. 北京:中国人民大学出版社,2022.

② 何亮,柳玉寿,何苗,等. 市场营销学原理 [M]. 成都:西南财经大学出版社,2018.

（3）期望产品

期望产品是指消费者购买产品时通常希望和默认的一组属性和条件。这种属性和条件一般是消费者获得产品效用的基本保证。脱离了期望产品，企业将无法完美地将产品效用给予消费者。例如，消费者住旅店大多希望享有干净的床上用品、淋浴设备和安静的环境，这是该产品本身所蕴含的要求。营销人员的工作必须建立在消费者的期望产品得到提供的基础之上。

（4）附加产品

附加产品是指生产者或销售者为了创造产品的差异化而给予消费者的附加服务和利益。例如，大部分的商家都为顾客提供送货上门、安装等服务。附加产品有转化为期望产品的趋势，当产业内所有的企业都为消费者提供了相同的附加产品之后，附加产品就会被消费者当作理所当然的期望产品。

（5）潜在产品

潜在产品是指产品最终可能会带给消费者的全部附加产品和将来会转换的部分。

潜在产品能够带给产品足够的差异化形象，给企业的产品带来竞争优势地位。这主要通过提高顾客的满意度来实现。美国营销学者西奥多·李维特认为，未来竞争的关键不在于企业能生产什么产品，而在于其产品所提供的附加价值，如包装、服务、广告、用户咨询、融资、送货、仓储和人们所重视的其他价值。

随着科技的发展，大多数现代企业产品的更新换代能力逐步接近，产品之间的差异缩小，服务竞争的地位将越来越重要。因此，现代企业如果能为顾客提供完善的产品附加利益，就必会在市场竞争中赢得主动。

2.3.1.2　产品整体概念的意义

以上五个层次的结合构成了整体产品概念，它充分体现了以顾客为中心的现代营销观念，这一概念的内涵和外延都是以消费者需求为标准，由消费者的需求来决定的。

"整体产品概念"是市场营销理论的重大发展，在现代企业的市场营销活动中有着极其广泛的应用。随着生产力的发展和科学技术的进步，人们的需求日益多样化，产品的整体概念不断扩大，企业不但要提供适应消费者需要的形式产品和核心产品，而且还要提供更多的延伸产品。现代企业只有从产品的整体概念出发来研究产品策略、创造自身产品的特色，才能在市场竞争中立于不败之地[①]。

2.3.1.3　网络营销产品的特性

网络营销与传统营销最明显的区别是：信息流以电子数字信息的传播为主，拥有一个全球的互联网通道。因此，开展网络营销就要经营适合以电子数据方式销售并适合利用互联网传递的商品。一般而言，目前适合在互联网上销售的产品通常在以下方面具有特性。

（1）产品性质

因为网络用户在接触网络初期对互联网技术有一定要求，用户上网大多与了解网络技术相关，所以网上销售的产品最好是与计算机、电子通信技术或网络有关的产品。一些信息类产品如图书、音乐等也比较适合网上销售。还有一些无形产品也可以借助

2

网络营销概论

·73·

---

①　何亮，柳玉寿，何苗，等. 市场营销学原理［M］. 成都：西南财经大学出版社，2018.

网络实现远程销售，如远程医疗。

（2）产品质量

网络的虚拟性使得顾客可以突破时间和空间的限制，实现远程购物和在网上直接订购，但网络购买者只能在购买后使用产品或验证产品质量。

（3）产品式样

通过互联网对全世界的国家和地区进行营销的产品要符合该国家或地区的风俗习惯、宗教信仰和教育水平。同时，网络营销产品的式样应尽可能满足网上购买者的个性化需求。

（4）产品品牌

在网络营销中，品牌对生产商与经营商同样重要。一方面，要在浩如烟海的网络信息中获得浏览者的注意，商品必须拥有明确、醒目的特征；另一方面，由于网上购买者有很多选择，同时网上的销售无法进行购物体验，因此，购买者对品牌比较关注。

（5）产品包装

作为通过互联网经营的针对全球市场的产品，其包装只有满足网络营销的要求，才能在不同国家和地区配送。

（6）目标市场

对目标市场需要覆盖较大地理范围的产品来说，网络的虚拟性使顾客可以突破时间和空间的限制，实现远程购物和网上直接订购，网络购买者在购买前可通过网络全方位了解产品。如果产品的目标市场比较狭窄，可以采用传统的营销策略。

（7）产品价格

一方面，互联网作为信息传递工具，在初期是采用共享和免费策略广泛推广开来的，网上用户比较认同网上产品的低廉特性；另一方面，通过互联网进行销售可省去中间环节的费用，成本普遍低于其他渠道的产品，因此，在网上销售的产品一般采用低价位定价。

上述网络营销产品的特性其实是由网络和现实条件的限制造成的，这使得只有部分产品适合在网上销售。随着网络技术的发展和科学技术的进步，将有越来越多的产品适合在网上销售。

2.3.1.4 网络营销产品的分类

在网上销售的产品，按照其形态可以分为两大类：有形产品和无形产品。

（1）有形产品

有形产品是指具有具体物理形状的物质产品。与传统的销售不同，通过网络销售有形产品，没有顾客和销售人员的直接接触，网络是顾客了解产品与订购产品的媒介。顾客可以浏览企业的网页，了解感兴趣产品的相关信息，在网上直接下单；交易达成后，企业要按照顾客的要求将产品送达顾客。顾客不可能立即得到产品，必须等待一定的时间。顾客等待时间的长短取决于企业的配送能力。

（2）无形产品

无形产品是相对于有形产品而言的，一般不具备具体的产品形态，有时会通过某些介质反映出某种形态，如向航空公司购买的电子客票。通过网络销售的无形产品有两种：数字类产品和服务类产品。数字类产品主要是指计算机软件、电子图书等数字产品，可以通过网络直接传输，不需要通过中间物流配送就可以完成。服务类产品按照服务产品的性质可以划分为一般服务产品和信息服务产品。一般服务产品是指一些传统的服务，如医疗服务（远程门诊、挂号预订），旅行服务，音乐会，体育比赛等的门票预订，远程教育等；信息服务产品是指专门提供有关信息进行咨询的服务，如股市行情分析、金融信息、电子新闻等。

2.3.1.5 网络营销产品组合

（1）产品组合及其相关概念

产品组合是指企业生产经营的全部产品线和产品项目的组合。产品组合由多条产品线组成，每条产品线由若干产品项目组成。例如，我国第二汽车厂生产的某种卡车，是该企业许多产品中的一个产品项目，不同载重量的卡车组成了卡车的产品线。载重卡车、越野车、消防车和小汽车等在内的所有产品，则构成了企业的产品组合。

产品线是指产品组合中的某一产品大类，它是一组密切相关的产品。这些产品或者都能满足某种需要，或者卖给相同的顾客群，或者经由同种商业网点销售，或者同属于一个价格范围。如宝洁公司的产品大类有洗涤剂、牙膏、肥皂、除臭剂、尿布、咖啡等；雅芳的产品组合包括四条主要产品线即化妆品、珠宝首饰、时装、家常用品。每个产品系列还包括几个亚产品系列。例如，化妆品可细分为口红、眼线笔、粉饼等。

产品项目是指产品目录上所列出的每一种产品。一种产品的型号、规格、价格、外观等就是一个产品项目。如杭州娃哈哈集团有限公司生产的碳酸饮料系列包括非常可乐、维 C 可乐、非常柠檬、非常甜橙、非常苹果、儿童可乐、娃哈哈爽系列、锐舞派对盐水、锐舞派对矿化汽水等产品。

（2）产品组合的测量尺度

产品组合的测量尺度有宽度、长度、深度和关联性。

产品组合的宽度又称为广度，是指一个企业拥有产品线的数目。产品线多，它的产品组合的广度就宽，反之则窄。如目前海尔有电冰箱、空调器、彩电、洗衣机、电脑、药品六条产品线。

产品组合的长度是指产品组合中产品项目的总数。如雅芳的产品组合总共包含了 1 000 多种产品。产品组合的长度能够反映企业产品在整个市场中覆盖面的大小。

产品组合的深度是指一个企业的每条产品线的产品项目的数目，同一产品线中的品种规格多，它的产品组合的深度就较大；反之，则较小。例如，乐百氏牛奶系列包括纯牛奶、甜牛奶、朱古力奶、草莓奶、高钙牛奶、学生牛奶六种产品。乐百氏乳酸奶系列包括乐百氏奶、AD 钙奶、健康快车 AD 钙+双歧因子奶饮料等产品。产品组合的深度通常反映某个产品线的专业化程度。

产品组合的关联性又称为密度，是指各条产品线在最终用途、生产条件、销售方式或其他条件方面相互关联的程度。如通用电器公司产品组合的产品线很多，但是各种产品线都与电气有关，所以它的产品组合关联性大；而同时生产机械设备产品与木工家具的企业其产品组合的关联性就小。

2.3.1.6 产品组合策略

产品组合策略是指企业根据市场需求特点和企业资源特征，对产品组合的宽度、深度和关联性实行不同的有机组合。现代企业在调整和优化产品组合时，可采取的产品组合策略有以下类型。

（1）扩大产品组合

这种策略包括扩大产品组合的宽度和深度，即增加产品线和产品项目，扩展经营范围。当企业预测现有产品线的销售额和利润额在未来一段时间可能下降时，就应考虑在现行产品组合中增加新的产品线，或加强其中有发展潜力的产品线；当企业拟增加产品特色，或为更多的细分市场提供产品时，则可选择在原产品线内增加新的产品项目。一般来说，扩大产品组合，可使企业充分地利用人、财、物资源，分散经营风险，从而满足顾客多方面的需要，提高综合竞争能力。

（2）缩减产品组合

这种策略是指缩减产品组合的宽度和深度，即减少产品线和产品项目。当市场繁荣时，较长、较宽的产品组合会为企业带来较多的盈利机会，但当市场不景气或原料、能源供应紧张时，减少一些销售困难、获利小甚至亏损的产品线或产品项目，集中力量生产经营市场需求较大、能为企业获取预期利润的产品，能使总利润上升。在以下情况下，企业应考虑适当减少产品项目：已进入衰退期的亏损的产品项目；无力兼顾现有产品项目时，放弃无发展前途的产品项目；当出现市场疲软时，删减一部分次要的产品项目。但这种策略风险性较大，一旦企业生产经营的产品在市场上失利，企业遭受的损失则较大。

（3）产品线延伸策略

产品线延伸是针对产品的档次而言，它是指在原有档次的基础上向上、向下或双向延伸。

①产品线向下延伸策略。

产品线向下延伸策略指企业在高档产品的产品线中增加低档产品项目。企业采用这一策略可反击竞争对手的进攻、弥补高档产品减销的空缺，以及防止竞争对手乘虚而入。如瑞士钟表商将电子晶片产品、激光技术、机器人、石黄英测试系统等高技术引入低档表生产，生产低成本高质量的 Swatch 低档表出口，战胜了竞争对手。实行这种策略也有一定的风险，如处理不慎，会影响原有产品特别是名牌产品的形象，可能给人"走下坡路"的不良印象，也可能刺激竞争对手向高档产品领域渗透，还可能形成内部竞争的局面。为此，企业应在权衡利弊后做出决策。

②产品线向上延伸策略。

产品线向上延伸策略指企业在低档产品的产品线中增加高档产品项目。企业在原来生产中低档或低档产品的基础上，推出高档的同类品，这就是产品线向上延伸策略。如精工公司开发价值 5 000 美元的高档手表，以满足高收入层次的消费者的需要。这一策略具有明显的优点：可获取更丰厚的利润；可作为正面进攻的竞争手段；可提高企业的形象；可完善产品线，满足不同层次消费者的需要。但采用这一策略应具备一定的条件：企业原有的声誉比较好；企业具有足够向上伸延的能力；市场存在对较高档次产品的需求；能应对竞争对手的反击。采用这种策略的企业往往面临激烈的竞争，营销费用增加，同时需在消费者中扭转对企业的原有印象。

③产品线双向延伸策略。

产品线双向延伸策略指原来生产中档产品的企业同时扩大生产高档和低档的同类

产品。采用这种策略的企业主要是为了扩大市场范围，开拓新市场，为更多的顾客服务，增强企业的竞争能力。但应注意，只有在原有中档产品已取得市场优势，而且有足够的资源和能力时，才可选择产品线双向延伸的策略。

2.3.2 网络营销价格策略

在工业经济时代，需求方特别是消费者，由于信息不对称，加上空间和时间的限制，从属于供应方来满足需求，处于被动地位，是议价的劣势方。互联网的出现使得买方收集信息的渠道拓宽、能力提升、成本降低。网络技术进步使得市场资源配置朝着最优方向发展。

2.3.2.1 网络营销产品定价目标

企业的定价目标一般有生存定价、获取当前最高利润定价、获取当前最高收入定价、销售额增长最大化定价、最大化市场占有率定价和最优产品质量定价。企业的定价目标一般与企业的战略目标、市场定位和产品特性相关。供求双方制订和接受价格的因素各不相同：企业（供给方）不仅要将产品的生产成本等局部因素作为制订销售价格的参考因素，还要综合考量市场整体情况，即需求方的需求强弱、价值接受程度以及来自替代性产品（同类或非同类）的竞争压力。顾客（需求方）接受价格的依据则是商品的使用价值和稀缺程度，以及可替代品的机会成本。

在网络营销中，市场尚属于起步阶段，企业进入网络营销市场的首要目标是占领市场求得生存和发展机会，其次才是追求利润。当前网络营销产品为在迅猛发展的网络虚拟市场中寻求立足机会，一般采用低定价策略甚至免费定价策略。网络市场分为消费者大众市场和工业组织市场。消费者大众市场即网民市场，属于成长市场，企业一般采用相对的低定价策略来占领市场。对于工业组织市场，购买者一般是组织机构，购买行为比较理智，企业可以采用双赢的定价策略，即通过互联网技术来降低组织之间的供应和采购成本，并使双方共同享受成本降低带来的价值增值。

2.3.2.2 网络营销定价基础

伴随企业发展带来的规模经济，企业产品的生产成本总体呈加速下降趋势。在网络营销战略中，企业一般从两个方面分析网络营销对企业成本的控制和节约：一是降低营销及相关业务的管理成本费用；二是降低销售成本费用。接下来全面分析互联网应用对企业各业务成本及费用的影响[1]。

（1）降低采购成本

人为因素和信息不对称的存在导致采购过程经常出现问题，利用互联网可以最大限度减少人为因素和信息不畅通的问题，最大限度降低采购成本。

首先，利用互联网可以将采购信息进行整合和处理，统一向供应商订货，获得最大的批量折扣。其次，通过互联网实现库存、订购管理的自动化和科学化，可最大限度减少人为因素的干预，实现高效率采购，节省大量人力，避免人为因素造成的不必要损失。最后，通过互联网可以与供应商进行信息共享，帮助供应商按照企业的生产需要进行供应，既不影响生产又不增加库存。

---

① 王玮. 网络营销［M］. 2版. 北京：中国人民大学出版社，2022.

（2）降低库存成本

利用互联网将生产信息、库存信息和采购系统连接在一起，可以实现实时订购。企业可以根据需要订购，最大限度降低库存，实现零库存管理。一方面减少资金占用和仓储成本，另一方面避免价格波动对产品的影响。正确管理存货能为客户提供更好的服务，并为公司降低经营成本，加快库存核查频率可减少与存货相关的利息支出和储存成本。减少库存量意味着现有的加工能力能更有效地得到利用，更高效率的生产可以减少或消除企业的额外投资。

（3）控制生产成本

利用互联网不仅可以实现远程虚拟生产，在全球范围寻求最适宜的生产厂家，而且可以大大缩短生产周期，提高生产效率，从而节省生产成本。利用互联网与供货商和客户建立联系，公司可以大幅缩短用于收发订单、发票和运输通知单的时间。比如，部门通过增值网（VAN）共享产品规格和图纸，以提高产品设计和开发的速度。互联网的发展和应用扩大了企业电子联系的范围，有利于不同研究小组和公司进行项目合作，进一步缩短产品的生产时间。

2.3.2.3 网络营销定价特点

（1）全球性

网络营销市场面对的是开放的和全球化的市场，用户可以在世界各地直接通过网站购买，无论网站在哪个国家或者地区。过去受地理位置限制的局部市场现在再也不用受空间制约，可拓展到广泛的全球性市场，这使得网络营销产品定价必须考虑目标市场范围的变化带来的影响。

如果产品的来源地和销售目的地与传统市场渠道类似，可以采用原来的定价方法。如果产品的来源地和销售目的地与原来传统市场渠道差距非常大，定价时就必须考虑地理位置差异带来的影响。如亚马逊的网上商店的产品来自美国，购买者是美国的消费者，则产品定价可以按照原定价方法进行折扣定价，定价也比较简单。如果购买者是美国以外的消费者，那采用针对美国本土的定价方法就很难面对全球化的市场，进而影响网络市场全球化作用的发挥。为解决这些问题，可因地制宜，在不同国家的市场建立地区性网站，以适应消费者需求的变化。

企业面对的是地域差异性极大的全球性网上市场，不能以统一市场策略笼统应对，必须遵循全球化和本地化相结合的原则。

（2）顾客主导定价

顾客主导定价是指为满足需求，顾客通过充分的市场信息来选择购买或者定制生产自己满意的产品或服务，同时以最小代价（产品价格、购买费用等）获得这些产品或服务。即追求顾客的价值最大化，顾客以最小成本获得最大收益。

顾客主导定价的策略主要有顾客定制生产定价和拍卖市场定价。根据调查分析，与企业主导定价相比，顾客主导定价的产品获利能力并不低。根据国外拍卖网站 eBay.com 的分析统计，在网上拍卖定价产品，只有 20% 的产品的拍卖价格低于卖者的预期价格，50% 的产品的拍卖价格略高于卖者的预期价格，剩下 30% 的产品的拍卖价格与卖者预期价格相吻合。在所有拍卖成交产品中，有 95% 的产品成交价格令卖主比较满意。因此，顾客主导定价是一种双赢的发展策略，既能更好地满足顾客的需求，又能使企业的收益不受影响，而且企业可以对目标市场了解得更充分，其经营生产和产品开发可以更加符合市场竞争的需要。

2.3.2.4 网络营销定价策略

网络营销定价策略是指企业在网络营销中制定的产品定价策略，以实现最大化的利润和获得更多市场份额。以下是常见的网络营销定价策略。

（1）市场导向定价

市场导向定价是指根据市场需求和竞争情况来制定产品的定价策略。企业可以通过市场调研和竞争分析来确定产品的定价水平，以满足市场需求和获得竞争优势。例如，一家电商企业可以根据竞争对手的价格和市场需求来制定产品的定价策略。

（2）成本导向定价

成本导向定价是指根据产品的生产成本和利润率来制定产品的定价策略。企业可以通过成本分析和利润预测来确定产品的定价水平，以确保产品的盈利能力和市场竞争力。例如，一家制造企业可以根据产品的生产成本和利润率来制定产品的定价策略。

（3）价值导向定价

价值导向定价是指根据产品的价值和品质来制定产品的定价策略。企业可以通过市场调研和消费者反馈来确定产品的价值和品质，以制定相应的定价策略。例如，一家高端品牌可以根据产品的品质和品牌形象来制定高价值的定价策略。

（4）折扣定价

折扣定价是指通过降低产品价格来促进销售和提高市场份额。企业可以通过促销活动、打折销售等方式来实现折扣定价。例如，一家电商企业可以通过促销活动和打折销售来吸引更多的消费者和提高市场份额。

（5）动态定价

动态定价是指根据市场需求和供求关系等因素来动态调整产品的定价策略。企业可以通过实时监测市场情况和竞争对手的定价策略来进行动态定价，以最大化利润和获得更多市场份额。例如，一家在线旅游企业可以根据旅游旺季和淡季的需求变化来动态调整产品的定价策略。

2.3.3 网络营销渠道策略

2.3.3.1 网络营销渠道的概念

营销渠道是指与提供产品或服务以满足使用或消费过程有关的一系列相互依存的机构，涉及信息沟通、资金转移和事务转移等。网络营销渠道是借助互联网将产品从生产者转移到消费者的中间环节，不但要为消费者提供方便选择的产品信息，而且要帮助其完成支付等交易手续，其中支付和收货不一定要同时进行①。

随着互联网的飞速发展，网络销售范围愈加广泛，网络渠道销售占整个销售的比重逐渐增加，但由于消费者的购买习惯、地域局限性，以及相关产品对网络的适应性等诸多方面的限制，企业不可能以网络营销渠道全面取代传统市场营销渠道。对于某些企业来说，网络营销是其主要的销售方式，但对于另外一些企业，只有利用传统市

① 王玮. 网络营销［M］. 2版. 北京：中国人民大学出版社，2022.

场营销渠道才能扩大生产经营。这些以传统市场营销渠道为主的企业，可以适当利用互联网发挥网络营销渠道提高知名度、积极抢占市场的辅助作用。

2.3.3.2　网络营销渠道的特点

（1）用途多元化

传统市场营销渠道仅是产品从生产向消费者转移的一个通道，作用单一。这种分销渠道的畅通，依赖于产品自身的品质以及广告的宣传和资金的流转情况。与传统的营销渠道仅可销售产品、提供服务相比，网络营销渠道的用途扩大，不仅可以发布信息，使消费者快速获取企业概况以及产品的种类、质量、价格等详细信息，快速付款以及查看物流情况，而且可以为企业间洽谈业务、开展商务活动提供场所，帮助客户实现技术培训和售后服务。

（2）结构简单化

在传统市场营销渠道中，中间商是重要的组成部分。根据中间商的有无，传统市场营销渠道可以分为直接渠道和间接渠道。然而，互联网的发展和商业应用使得传统市场营销渠道的中间商凭借地域原因获取的优势被互联网的虚拟性取代，同时，互联网高效率的信息交换改变了过去传统市场营销渠道的诸多环节，将错综复杂的迂回关系简化为单一直接关系，互联网的发展改变了营销渠道的结构。

网络营销渠道可以分为网络直接营销渠道和网络间接营销渠道，但结构更加简单。在直接营销渠道方面，传统和网络并无大的区别，都是零级营销渠道；而对于间接营销渠道而言，网络营销中只有一级营销渠道，即只有一个信息中间商（商务中心）来沟通买卖双方的信息，不存在多个批发商和零售商的情况，所以不存在多级营销渠道。

减少或消除中间环节，由迂回变为直接，是网络营销渠道的最大特点，利用好这一特点可以大大降低营销成本，提高营销效率，树立企业形象。

（3）交易成本节约化

网络营销渠道的结构比较简单，减少了流通环节，有效地降低了交易成本。

利用网络直接营销渠道，网络销售企业可以通过互联网受理来自全球的订单，然后直接将货物寄给购买者，而仅需支付企业雇用的管理员的工资与网络费用，取消了人员的差旅费和外地仓储费用。

另外，网络间接销售渠道的网络商品交易中心能够通过网络强大的信息传递功能，完全发挥信息中介机构、批发商、零售商的作用。这使得间接销售的层次降到了最低，从而使产品流通的费用降到最低。

（4）功能多元化

一个完善的网络营销渠道有三大功能：订货功能、结算功能和配送功能。

①订货功能。

它一方面可以为消费者提供产品信息，另一方面可以方便企业获取消费者的需求信息，以达到供求平衡。一个完善的订货系统可以最大限度地减少库存，降低销售费用。

②结算功能。

消费者购买产品时有多种付款方式，因此企业应有多种结算方式。目前流行的在线支付方式主要有电子信用卡、电子借记卡、电话、传真、邮件、电子现金、第三方交易、电子支票等。

③配送功能。

对于网络营销中的虚体产品，如软件、视频、音频等可以直接通过网络进行购买、下载，实现快速、直接的配送。对于实体产品的配送，则涉及运输和仓储问题。我国兴起的诸多物流企业，例如 EMS、顺丰速运、申通快递、圆通快递、宅急送等，都能够提供比较专业的物流配送服务，某些公司自营的物流子公司也是比较好的例证。良好的配送系统是支持网络销售业务的基本环节，同时能够促进电子商务整体的大发展、大繁荣。

我国目前的送货方式主要有两种：一是上门服务，主要依赖快递公司，货到付款；二是利用邮政系统进行邮寄。

2.3.3.3　网络营销渠道的类型

网络营销渠道分为网络直接营销渠道和网络间接营销渠道两大类。由于互联网的信息交互特点，网上直销市场得到快速发展。

（1）网络直接营销渠道

通过互联网实现从生产者到消费（使用）者的网络直接营销渠道（简称网络直销），不再需要传统中间商来构成通达消费者的迂回渠道，而是需要为直接营销渠道提供服务的中介机构，如提供货物配送服务的专业配送企业、提供货款网上结算服务的网上银行、提供产品信息发布和网站建设服务的互联网服务提供商和电子商务服务提供商等。网络直接营销渠道的建立使生产者和最终消费者直接连接或沟通成为现实。

（2）网络间接营销渠道

通过融入互联网技术后的中间商触达消费者就是网络间接营销渠道。传统中间商融合了互联网技术后，大大提高了自身的交易效率、专门化程度和规模经济效益。同时，新兴的中间商也对传统中间商产生了冲击，如北京王府井为抵抗互联网对零售市场的侵蚀，开始线上销售。

2.3.3.4　网络营销渠道策略

网络营销渠道策略是指企业在网络营销中选择和利用不同的渠道来推广和销售产品或服务的策略。以下是常见的网络营销渠道策略。

（1）搜索引擎营销

搜索引擎营销是指通过搜索引擎的广告和搜索结果来推广产品或服务。企业可以通过关键词广告、搜索引擎优化等方式来提高产品的曝光率和搜索排名，以吸引潜在客户。

（2）社交媒体营销

社交媒体营销是指通过社交媒体平台来推广产品或服务。企业可以通过创建社交媒体账号、发布内容、社交广告等方式来吸引潜在客户和提高品牌知名度。

（3）电子邮件营销

电子邮件营销是指通过电子邮件来推广产品或服务。企业可以通过电子邮件列表、电子邮件广告等方式来向潜在客户发送定向的营销信息，以提高客户转化率和销售额。

（4）内容营销

内容营销是指通过有价值的内容来吸引潜在客户和提高品牌知名度。企业可以通过博客、视频、社交媒体等方式来发布有价值的内容，以吸引潜在客户和提高品牌影响力。

（5）电子商务平台

电子商务平台是指通过在线商店、电子商务网站等平台来销售产品或服务。企业可以通过建立自己的电子商务平台或利用第三方平台来销售产品或服务，以扩大销售渠道和提高销售额。

（6）移动应用营销

移动应用营销是指通过移动应用来推广产品或服务。企业可以通过开发自己的移动应用或在第三方应用商店中推广自己的应用，以吸引潜在客户和提高品牌知名度。

2.3.4 网络营销促销策略

2.3.4.1 网络促销的概念

促销策略是指企业通过人员推销、广告、公共关系和营业推广等各种促销方式，向消费者或用户传递产品信息，引起其注意和兴趣，并激发购买欲望和购买行为，达到销售的目的。促销策略是市场营销组合的基本策略之一。

网络促销是指利用现代化的网络技术向虚拟市场传递有关商品和服务的信息，以激发需求，引起消费者购买欲望和购买行为的活动。它具有三个明显的特点：一是网络促销是借助网络这一虚拟市场进行的；二是网络促销通过网络技术传递产品和服务的存在、性能、功效和特征等信息；三是网络促销的目标市场是全球范围。传统市场营销属于强制性营销，最能体现强制性特点的两种促销手段就是广告和人员推销。传统广告企图以一种信息灌输的方式在客户心中留下印象，根本不考虑客户是否需要这类信息，而且内容固定，信息传递和反馈隔离、滞后；人员推销根本不经过客户允许和同意，进行强势信息灌输，容易引起反感。在传统营销中，企业占主动地位；网络营销则相反，网络营销的促销充分尊重顾客的意愿，使顾客成为主动方。

2.3.4.2 网络促销形式

传统的促销形式主要有四种：广告、销售促进、宣传推广和人员推销。与其对应的网络促销形式有网络广告、销售促进、站点推广和关系营销四种，其中网络广告和站点推广是常用形式。

根据形式的不同，网络广告可以分为旗帜广告、电子邮件广告、电子杂志广告、新闻组广告、公告栏广告等。销售促进是指企业利用可以直接销售的网络营销站点，采用一些短期宣传行为，鼓励消费者购买，如价格折扣、有奖销售、实物奖励、赠送礼物等方式。站点推广是一个系统性的工作，是指通过对企业网络营销站点的宣传吸引用户访问，同时树立企业网上品牌形象，为企业营销目标的实现打下坚实基础。关系营销是指借助互联网的交互功能，吸引用户与企业保持密切关系，培养顾客忠诚度，提高企业收益率。

2.3.4.3 网络促销与传统促销的区别

（1）时空观念的变化

传统促销受到时间和空间的限制，而在网络时代，订货和购买可以突破时间和空间的限制，随时随地进行。时间和空间环境的变化要求网络营销者调整自己的促销策略和具体实施方案，人们必须在以现实为基础的虚拟世界中与各种人沟通。

（2）信息沟通方式的变化

促销的基础是买卖双方信息的沟通。在网络上，信息的沟通渠道是单一的，所有信息都必须经过有线或者无线通路传递，然而，这种沟通方式又是十分多元的。多媒体信息处理技术提供了近似于现实交易过程中的商品表现形式，尤其是网络可视化的发展；双向、快捷的信息传播模式将买卖双方的意愿表达得淋漓尽致，也留给对方充分思考的时间。网络营销者需要掌握新颖的、有吸引力的促销方法和手段，从而撮合买卖双方的交易。

（3）消费群体和消费行为的变化

在网络环境下，消费者的概念和客户的消费行为都发生了很大的变化。相对于传统的消费行为模式，网络消费者形成了一个特殊的消费群体，具有不同于传统消费大众的消费需求。网络消费者直接参与生产和商业流通，他们更加理性、有想法，会不断扩大消费的选择范围，并进行理性消费。

网络促销与传统促销手段要相互补充。虽然网络促销与传统促销在观念和手段上有较大区别，但它们的最终目的相同，都是把自己的商品推销出去，因此，整个促销过程的设计也有类似的地方。一方面，应当站在全新的角度认识到网络促销是一种新型的促销方式，理解这种依赖现代网络技术、不与顾客见面、完全通过网络交流思想和意愿的商品推销形式；另一方面，要通过与传统促销的比较发现两种促销模式的差别，在充分利用传统促销模式优点的基础上不断求新，打开网络促销的新局面①。

2.3.4.4　网络促销功能

网络促销功能主要包括展示、说服、反馈和创造需求等。

（1）展示功能

网络促销能够把企业的产品、服务、价格等信息传递给目标群体，引起他们的注意。

（2）说服功能

网络促销的目的在于通过各种有效的方式，消除目标群体对产品或服务的疑虑，说服目标群体，坚定其购买决心。例如，许多同类产品只有细微的差别，用户难以察觉，而网络促销活动可以详细宣传自己产品的特点，使用户认识到本企业产品可能给他们带来特殊效用和利益，进而乐于购买。

（3）反馈功能

网络促销能够通过电子邮件等及时地收集和整理顾客的需求和意见，并将其迅速反馈给企业管理层。由于网络促销所获得的信息准确、可靠性强，对企业经营决策有较大的参考价值。

（4）创造需求功能

通过良好的网络促销活动，企业不仅可以诱导需求，而且可以创造需求，发掘潜在的顾客，扩大销售量。通过网络促销活动，企业可以树立良好的产品形象和企业形象，改变用户对本企业产品的认识，形成品牌偏好和忠诚度，减少市场不稳定的营销

---

① 王玮. 网络营销［M］. 2 版. 北京：中国人民大学出版社. 2022.

风险，达到稳定销售的目的。

2.3.4.5 网络营销促销策略

网络营销促销策略是指企业在网络营销中采用的促销手段和策略，以吸引潜在客户和提高销售额。以下是常见的网络营销促销策略。

（1）优惠券和折扣

企业可以通过发放优惠券和提供折扣来吸引潜在客户和促进销售。例如，企业可以在网站上发布优惠券或折扣码，或者在社交媒体上发布促销信息，以吸引潜在客户。

（2）限时促销

企业可以通过限时促销来创造紧迫感和促进销售。例如，企业可以在特定时间内提供折扣或优惠，以吸引潜在客户和促进销售。

（3）社交媒体促销

企业可以通过社交媒体平台来开展促销活动，例如发布抽奖活动、分享有奖等，以吸引潜在客户和提高品牌知名度。

（4）赠品促销

企业可以通过赠品促销来吸引潜在客户和提高销售额。例如，企业可以在购买产品时提供赠品，或者在特定时间内开展赠送活动，以吸引潜在客户和促进销售。

（5）联合促销

企业可以与其他企业或品牌合作进行联合促销活动，以吸引潜在客户和提高品牌知名度。例如，企业可以与其他品牌合作推出联合促销活动，以吸引潜在客户和提高销售额。

（6）电子邮件促销

企业可以通过电子邮件来开展促销活动，例如发送促销信息、优惠券等，以吸引潜在客户和提高销售额。

2.3.5 网络营销载体和形式

2.3.5.1 网络营销载体

网络营销载体是指企业在网络营销中利用的各种媒介和平台，以推广和销售产品或服务。以下是常见的网络营销载体。

（1）网站

企业可以通过建立自己的网站来展示产品或服务，并提供在线购买和客户服务等功能。网站可以是企业的主要营销载体，通过搜索引擎优化和广告等方式来吸引潜在客户。

（2）搜索引擎

搜索引擎是指通过关键词搜索来获取信息的工具。企业可以通过搜索引擎的广告和搜索结果来推广产品或服务。搜索引擎可以是企业的重要营销载体，通过关键词广告、搜索引擎优化等方式来提高产品的曝光率和搜索排名。

（3）社交媒体

社交媒体是指通过在线社交平台来进行交流和分享的工具。企业可以通过创建社交媒体账号、发布内容、社交广告等方式来吸引潜在客户和提高品牌知名度。社交媒体可以是企业的重要营销载体，通过发布有价值的内容和与客户互动来提高品牌影响力和忠诚度。

（4）电子邮件

电子邮件是指通过电子邮件来进行沟通和交流的工具，企业可以通过电子邮件列表、电子邮件广告等方式来向潜在客户发送定向的营销信息，以提高客户转化率和销售额。

（5）应用程序

应用程序是指通过移动应用或桌面应用来提供产品或服务的工具，企业可以通过开发自己的应用程序或在第三方应用商店中推广自己的应用程序，以吸引潜在客户和提高品牌知名度。

（6）在线广告

在线广告是指通过互联网来展示广告的方式。企业可以通过搜索引擎广告、社交媒体广告、Banner广告等方式来吸引潜在客户和提高品牌知名度。

（7）电子商务平台

电子商务平台是指通过在线商店、电子商务网站等平台来销售产品或服务。企业可以通过建立自己的电子商务平台或利用第三方平台来销售产品或服务，以扩大销售渠道和提高销售额。

2.3.5.2　网络营销形式

（1）直播营销

直播营销是指通过直播平台进行产品或服务的推广和销售的营销方式。随着直播技术的不断发展和普及，越来越多的企业开始利用直播平台进行产品或服务的宣传和销售。直播营销可以通过直播平台进行产品展示、演示、互动等方式来吸引潜在客户和提高销售额。直播营销的优势在于可以实现实时互动和即时反馈，让消费者更加直观地了解产品或服务的特点和优势，从而提高消费者的购买决策和忠诚度。同时，直播营销也可以通过直播平台的社交功能来扩大品牌影响力和客户忠诚度，以吸引更多的潜在客户和粉丝。直播营销的应用范围非常广泛，包括电商、美妆、服装、教育、旅游等各个领域。例如，某一化妆品品牌可以通过直播平台进行化妆品的演示和介绍，吸引潜在客户并促进销售；某一旅游企业可以通过直播平台进行旅游景点的展示和介绍，吸引潜在客户并提高品牌知名度。总之，直播营销是一种创新的营销方式，可以通过直播平台实现实时互动和即时反馈，提高消费者的购买决策和客户忠诚度，同时也可以扩大品牌影响力和客户忠诚度，吸引更多的潜在客户和粉丝。

（2）情感营销

情感营销是指在营销过程中，通过情感因素的附着来影响消费者的购买决策，从而提高品牌的认知度、忠诚度和口碑。情感营销的内涵常体现在通过讲述品牌的故事，让消费者更好地了解品牌的文化和价值观，从而建立品牌认同感和忠诚度；通过情感化的广告语言和形象，引起消费者的共鸣和情感共鸣，从而提高广告的影响力和吸引力；通过社交媒体平台，与消费者进行互动和交流，建立品牌与消费者之间的情感联系和信任感；通过优化产品和服务的用户体验，提高消费者的满意度和忠诚度，从而建立品牌的良好口碑和形象；通过情感化的包装设计，增加产品的美感和吸引力，从而引起消费者的情感共鸣和购买欲望。

需要注意的是，情感营销需要根据不同的品牌和产品，采用不同的情感营销策略和手段，以达到最好的营销效果。同时，情感营销需要注意不要过度渲染情感，避免引起消费者的反感和不信任。

（3）文化营销

文化营销是指通过文化元素来推广产品或服务的营销方式。企业可以通过与文化元素相关的产品设计、广告等方式来吸引潜在客户和提高品牌知名度。文化营销可以让企业与消费者建立情感联系，提高品牌的认知度和客户忠诚度。文化营销的优势在于可以利用文化元素来吸引潜在客户和提高品牌知名度，同时也可以通过与文化元素相关的产品或服务来增加消费者的购买决策和忠诚度。例如，某一服装品牌可以通过具有当地文化元素的服装设计和广告来吸引潜在客户并提高品牌知名度；某一旅游企业可以通过以具有当地文化元素的旅游产品和服务来吸引潜在客户并提高品牌忠诚度。总之，文化营销是一种创新的营销方式，可以利用文化元素来吸引潜在客户和提高品牌知名度，同时也可以通过与文化元素相关的产品或服务来增加消费者的购买决策和忠诚度。

（4）事件营销

事件营销是指通过特定事件或场合来推广产品或服务的营销方式。企业可以通过参与或举办特定的活动等来吸引潜在客户和提高品牌知名度。事件营销可以让企业在特定的场合或时刻与潜在客户建立联系，提高品牌的曝光率和认知度，同时也可以增加消费者的购买决策和忠诚度。例如，一家餐厅可以在情人节推出特别菜单和活动，吸引情侣前来用餐并提高品牌知名度；一家电商企业可以在"双十一"等特定节日推出促销活动，吸引潜在客户并提高销售额。事件营销的应用范围非常广泛，可以应用于节日、庆典、展览、演出等各种场合。

【案例剖析】

淄博烧烤火出圈是指淄博烧烤在社交媒体上引起广泛关注并迅速走红的事件。该事件始于2019年端午节期间，淄博烧烤在当地举办了一场名为"烧烤大赛"的活动，吸引了大量的参赛者和观众。在活动中，参赛者需要在规定时间内烤制指定的食材，并由评委进行评分，最终获胜者可以获得丰厚的奖品。

该事件营销活动在社交媒体上引起了广泛关注，许多网友在微博、微信等平台上分享了活动的照片和视频，同时也对淄博烧烤的品牌形象和产品质量进行了积极评价。随着越来越多的网友参与讨论和分享，淄博烧烤的品牌知名度和客户忠诚度迅速提高，成为当地烧烤行业的佼佼者。淄博烧烤火出圈的原因主要是由于该事件营销活动的创新和巧妙。淄博烧烤利用了特定的场合和时刻来吸引潜在客户和提高品牌知名度，同时也通过与特定事件相关的产品或服务来增加消费者的购买决策和忠诚度。此外，淄博烧烤在活动中注重用户体验和互动，让参赛者和观众能够更好地参与其中，增强了品牌的亲和力和用户黏性。

总之，淄博烧烤火出圈是一次成功的事件营销案例，通过创新和巧妙的营销策略，成功地利用了特定的场合和时刻来推广产品或服务，提高了品牌知名度和客户忠诚度，同时也促进了销售额的增长。

2.4 网络营销平台

2.4.1 网络营销平台概述

网络营销平台一般建立在互联网的平台上，由服务器、各种网络设施及软件系统和计算机终端所组成。以营销目标实现的条件与功能进行分类，一般可分为新闻动态、信息发布、网上调查、搜索引擎、在线销售等系统；同时结合平台的后台管理功能，进行平台的维护与使用。

2.4.1.1 搜索引擎平台——百度

（1）平台介绍

百度是中国最大的搜索引擎公司，成立于 2000 年。百度自成立以来，一直致力于为用户提供更便捷、更智能的搜索服务。随着互联网的发展，百度逐渐扩大了业务范围，包括在线广告、在线视频、云计算、人工智能等。其中，百度通过其人工智能平台"百度大脑"为各行各业提供了 AI 技术解决方案，成为人工智能领域的领先者之一。此外，百度还积极拓展国际业务，在中国以外的国家和地区拥有大量用户和合作伙伴。

（2）营销产品

百度的营销产品覆盖了搜索引擎、信息流、品牌专区、知识营销和视频营销等多个领域，具有很高的覆盖率和精准度。图 2.4 为百度营销产品部分截图。企业可以根据自身需求和目标受众来选择合适的营销产品，从而达到更好的营销效果。同时，百度还提供了丰富的数据分析和优化工具，帮助企业更好地管理广告投放和提高广告效果。以下为百度的主要营销产品。

图 2.4　百度营销产品图

①搜索推广。

搜索推广是百度最基本的营销产品之一，通过在百度搜索引擎结果页展示广告，帮助企业提高品牌知名度和转化率。企业可以根据不同的关键词和地域设置广告，精准地定位目标用户。此外，百度还提供了丰富的投放策略和优化工具，帮助企业更好地管理广告投放和增强广告效果。

②信息流推广。

信息流推广是百度近年来大力推广的另一种营销产品，通过在百度 App、百度贴吧等平台上展示广告，帮助企业提高品牌知名度和转化率。百度拥有庞大的用户数据，通过分析用户行为和兴趣，可以将广告精准地推送给目标用户。此外，百度还提供了丰富的广告创意和投放策略，帮助企业更好地管理广告投放和增强广告效果。

③品牌专区。

品牌专区是百度为企业量身定制的营销产品，通过在搜索结果页展示品牌专区页面，帮助企业提高品牌知名度和形象。品牌专区页面可以展示企业的品牌介绍、产品展示、优惠活动等信息，同时还可以通过视频、图片等形式展示品牌形象。此外，百度还提供了丰富的数据分析和优化工具，帮助企业更好地管理品牌专区页面和增强广告效果。

④知识营销。

知识营销是百度基于自身搜索引擎和知识库的优势开发的营销产品，通过在搜索结果页展示相关知识，帮助企业提高品牌知名度和形象。企业可以通过在百度知道、百度文库等平台上发布相关知识、回答用户问题等方式来提高品牌知名度和形象。此外，百度还提供了丰富的数据分析和优化工具，帮助企业更好地管理知识营销和增强广告效果。

⑤视频营销。

视频营销是百度基于自身视频平台优势开发的营销产品，通过在百度视频平台上展示广告，帮助企业提高品牌知名度和转化率。企业可以通过上传自身制作的视频或者参与百度组织的视频比赛等方式来提高品牌知名度。此外，百度还提供了丰富的投放策略和优化工具，帮助企业更好地管理视频广告和增强广告效果。

（3）适合场景

百度营销场景是一种基于互联网的营销方式，它利用百度的搜索引擎技术和庞大的用户数据，为广告主提供精准、高效的营销服务。在当今竞争激烈的市场环境中，百度营销场景已经成为企业不可或缺的营销手段之一。百度的营销场景包括关键词广告、品牌广告、信息流广告、知识图谱等多种形式，每种形式都有其独特的优势和适用场景。

①关键词广告。

关键词广告是百度营销场景中最基本的形式之一，它通过购买关键词来实现广告的精准投放。当用户在搜索引擎中输入相关关键词时，广告主的广告就会展示在搜索结果页面的顶部或底部。这种广告形式可以有效地提高品牌的曝光率和转化率，同时也可以帮助广告主了解用户需求，优化产品和服务。

②品牌广告。

品牌广告则是通过展示品牌信息来吸引目标受众的注意力。在百度营销场景中，品牌广告可以通过搜索结果页面、贴吧、知道等渠道进行投放。这种广告形式可以帮助广告主提高品牌知名度和美誉度，增强用户对品牌的信任感和忠诚度。

③信息流广告。

信息流广告则是通过在信息流中展示相关内容的广告形式，帮助广告主提高品牌的曝光率和点击率。这种广告形式可以在百度新闻、百度贴吧等渠道进行投放，其特点是可以根据用户的兴趣爱好和行为数据实现精准投放。

④知识图谱。

知识图谱则是通过百度的知识图谱技术，将广告融入搜索结果页面或贴吧，为用户提供更加全面、准确的信息服务。这种广告形式可以帮助广告主更好地了解用户需求和痛点，提高转化率和用户体验。

百度营销场景还可以与其他平台进行合作，如与电商、O2O 等平台进行联动，实现跨平台的营销整合。广告主可以在搜索结果页面上展示相关商品或服务的广告，当用户点击广告时可以直接进入商品页面进行购买或预约。

2.4.1.2　电子商务平台——阿里巴巴

（1）平台介绍

阿里巴巴是中国最大的电子商务公司之一，成立于 1999 年。阿里巴巴的创始人和 CEO 马云是一位备受瞩目的人物，他领导下的阿里巴巴在短短几年内迅速崛起，成为中国乃至全球最大的电子商务平台之一。阿里巴巴主要提供 B2B 和 B2C 电子商务服务，其业务范围广泛，包括在线零售、批发贸易、企业采购、物流配送、支付结算等多个领域。阿里巴巴还拥有中国最大的云计算公司阿里云，为全球数百万企业提供云计算服务。

（2）营销产品

阿里巴巴集团的产品种类繁多，图 2.5 为阿里巴巴生态体系。

图 2.5　阿里巴巴生态体系

阿里巴巴营销产品是阿里巴巴生态体系的重要组成部分，主要分为电子商务平台、广告联盟和其他营销产品，电子商务平台是阿里巴巴的核心业务之一，包括淘宝、天猫、1688 等平台。这些平台为企业和个人提供了展示和销售产品的场所，同时也为消费者提供了更加便捷的购物方式。阿里巴巴的广告联盟业务则通过与众多中小网站合作，将广告投放到这些网站上，从而获得更多的曝光率和点击率。此外，阿里巴巴还提供其他多种营销产品，如淘宝直播、淘宝客等，这些产品可以帮助企业更好地吸引消费者，提高销售业绩。以下为阿里巴巴主要的营销产品。

①诚信通。

阿里巴巴诚信通是阿里巴巴为企业提供的一种会员服务，旨在帮助企业提高信誉度和竞争力。通过加入诚信通，企业可以获得阿里巴巴平台的认证和信任，提高在平台上的曝光率和成交率。此外，诚信通还提供了一系列的企业管理和营销工具，帮助企业更好地管理业务和提高效率。

②直通车。

阿里巴巴直通车是阿里巴巴为企业提供的一种广告投放服务，通过在阿里巴巴平台上展示广告，帮助企业提高品牌知名度和转化率。企业可以根据不同的关键词和地域设置广告，精准地定位目标用户。此外，阿里巴巴直通车还提供了丰富的广告创意和投放策略，帮助企业更好地管理广告投放和增强广告效果。

③数据银行。

阿里巴巴数据银行是阿里巴巴为企业提供的一种数据分析服务，旨在帮助企业更好地了解市场和用户需求。通过数据银行，企业可以获得阿里巴巴平台的用户数据和交易数据，进行精准的市场分析和用户画像。此外，数据银行还提供了一系列的数据分析工具和可视化报表，帮助企业更好地管理数据和提高决策效率。

④生意参谋。

阿里巴巴生意参谋是阿里巴巴为企业提供的一种营销决策支持服务，旨在帮助企业更好地制定营销策略和管理业务。通过生意参谋，企业可以获得阿里巴巴平台的实时数据和趋势分析，了解市场和用户需求的变化。此外，生意参谋还提供了一系列的市场调研和竞争分析工具，帮助企业更好地制定营销策略和提高竞争力。

⑤淘宝联盟。

阿里巴巴淘宝联盟是阿里巴巴为企业提供的一种电商推广服务，旨在帮助企业扩大销售渠道和提高销售额。通过淘宝联盟，企业可以将商品推广给淘宝平台上的众多卖家和达人，通过他们的推广和分销来提高销售额。此外，淘宝联盟还提供了一系列的推广工具和数据分析服务，帮助企业更好地管理推广业务和提高效果。

（3）适用场景

阿里巴巴的营销场景覆盖了电商平台、搜索引擎、内容和跨境电商等多个领域，具有很高的覆盖率和精准度。企业可以根据自身需求和目标受众来选择合适的营销场景，从而达到更好的营销效果。同时，阿里巴巴还提供了丰富的数据分析和优化工具，帮助企业更好地管理业务和提高效率。以下为阿里巴巴主要的营销场景。

①电商平台营销场景。

电商平台营销场景是阿里巴巴最基本的营销场景之一，通过在阿里巴巴电商平台上展示商品和广告，帮助企业提高品牌知名度和转化率。企业可以通过在阿里巴巴平台上开设店铺、参与促销活动等方式来提高品牌知名度和销售额。此外，阿里巴巴还提供了丰富的数据分析工具，企业可以利用这些工具来精准地定位目标用户、制定营销策略和提高转化率。

②搜索引擎营销场景。

搜索引擎营销场景是阿里巴巴另一种重要的营销场景，通过在阿里巴巴搜索引擎上展示广告，帮助企业提高品牌知名度和转化率。企业可以根据不同的关键词和地域设置广告，精准地定位目标用户。在搜索引擎营销场景中，企业可以利用搜索引擎优化（SEO）和搜索引擎营销（SEM）等手段，提高网站排名和曝光率，吸引更多的潜在客户。

③内容营销场景。

内容营销场景是阿里巴巴近年来大力推广的另一种营销场景，通过在阿里巴巴平台上发布内容、参与社交活动等方式来提高品牌知名度和用户黏性。阿里巴巴拥有庞大的用户群体和丰富的社交数据，企业可以利用这些优势进行内容营销。此外，阿里巴巴还提供了丰富的内容创作和推广工具，帮助企业更好地管理内容营销和增强营销效果。

④跨境电商营销场景。

跨境电商营销场景是阿里巴巴为企业提供的另一种重要的营销场景，通过在阿里巴巴跨境电商平台上展示商品和广告，帮助企业扩大销售渠道和提高销售额。企业可以将商品推广给全球范围内的消费者，通过跨境电商平台来实现国际化营销。此外，阿里巴巴还提供了丰富的跨境电商服务和工具，帮助企业更好地管理跨境电商业务和增强营销效果。

2.4.1.3 社交媒体平台——腾讯

（1）平台介绍

腾讯是中国最大的互联网公司之一，成立于1998年。腾讯的创始人兼CEO马化腾是一位技术出身的创业者，他领导下的腾讯从一个即时通信软件起步，逐渐发展成为一家涵盖了社交、游戏、广告、金融科技等领域的综合性互联网公司。其中，腾讯的社交平台微信是中国最受欢迎的社交软件之一，拥有数亿用户。此外，腾讯的游戏业务也是其重要的收入来源，其游戏产品线丰富多样，包括《王者荣耀》《英雄联盟》等热门游戏。同时，腾讯还涉足在线广告、在线视频、音乐等领域。腾讯的金融科技业务也发展迅速，其旗下拥有多个子公司，如腾讯云、腾讯征信等。

（2）营销产品

腾讯的营销产品覆盖了广告投放、社交媒体营销、市场调研和电商解决方案等多个领域，具有很高的覆盖率和精准度。企业可以根据自身需求和目标受众来选择合适的营销产品，从而达到更好的营销效果。同时，腾讯还提供了丰富的数据分析和优化工具，帮助企业更好地管理业务和提高效率。以下为腾讯主要的营销产品：

①腾讯广告。

腾讯广告是腾讯为企业提供的一种广告投放服务，通过在腾讯平台上展示广告，帮助企业提高品牌知名度和转化率。腾讯广告覆盖了腾讯旗下的多个产品，包括微信、QQ、腾讯视频等，企业可以根据不同的受众群体和产品特点来选择合适的投放平台。此外，腾讯广告还提供了丰富的广告创意和投放策略，帮助企业更好地管理广告投放和增强广告效果。

②微信公众号。

微信公众号是腾讯提供的一种社交媒体营销工具，通过在微信公众号上发布内容、互动用户等方式来提高品牌知名度和用户黏性。企业和个人可以在微信公众号上发布文章、图片、视频等多种形式的内容，吸引用户的关注和参与。此外，微信公众号还提供了丰富的互动功能和数据分析工具，帮助企业更好地管理公众号和增强营销效果。

③腾讯企鹅智库。

腾讯企鹅智库是腾讯为企业提供的一种市场调研和数据分析服务，旨在帮助企业更好地了解市场和用户需求。通过企鹅智库，企业可以获得腾讯平台的用户数据和消费者行为数据，进行精准的市场分析和用户画像。此外，企鹅智库还提供了一系列的数据分析工具和可视化报表，帮助企业更好地管理数据和提高决策效率。

④腾讯社交广告。

腾讯社交广告是腾讯为企业提供的一种社交媒体广告投放服务，通过在腾讯社交平台上展示广告，帮助企业提高品牌知名度和转化率。腾讯社交广告覆盖了腾讯旗下的多个社交平台，包括微信、QQ 空间、QQ 音乐等，企业可以根据不同的受众群体和产品特点来选择合适的投放平台。此外，腾讯社交广告还提供了丰富的广告创意和投放策略，帮助企业更好地管理广告投放和增强广告效果。

⑤腾讯智慧零售。

腾讯智慧零售是腾讯为企业提供的一种电商解决方案，旨在帮助企业扩大销售渠道和提高销售额。通过智慧零售，企业可以将商品推广给腾讯平台上的众多消费者，通过智慧零售平台来实现电商业务的运营和管理。此外，智慧零售还提供了一系列的数据分析工具和运营支持，帮助企业更好地管理电商业务和增强营销效果。

（3）适用场景

腾讯的营销场景覆盖了社交媒体、搜索引擎、视频和电商等多个领域，具有很高的覆盖率和精准度。企业可以根据自身需求和目标受众来选择合适的营销场景，从而达到更好的营销效果，图 2.6 为腾讯广告场景。同时，腾讯还提供了丰富的数据分析和优化工具，帮助企业更好地管理业务和提高效率。以下为腾讯主要的营销场景。

①社交媒体营销场景。

社交媒体营销场景是腾讯最基本的营销场景之一，企业可以通过在腾讯社交媒体平台上发布内容、和用户互动等方式来提高品牌知名度和用户黏性。腾讯拥有庞大的用户群体和丰富的社交数据，企业可以利用这些优势进行社交媒体营销。此外，腾讯还提供了丰富的社交媒体营销工具，帮助企业更好地管理社交媒体营销和增强营销效果。

②搜索引擎营销场景。

搜索引擎营销场景是腾讯另一种重要的营销场景，通过在腾讯搜索引擎上展示广告，帮助企业提高品牌知名度和转化率。企业可以根据不同的关键词和地域设置广告，精准地定位目标用户。在搜索引擎营销场景中，企业可以利用搜索引擎优化（SEO）和搜索引擎营销（SEM）等手段，提高网站排名和曝光率，吸引更多的潜在客户。

微信广告
微信广告是出现在微信朋友圈、公众号、小程序、视频号、摇一摇和看一看中，以一种更加融入用户生活方式呈现的广告形式。

QQ广告
国内领先的年轻社交平台，基于海量用户社交关系，用黑科技和多元玩法赋能品牌在社交、运动、购物、游戏等场景中与年轻用户深度互动。

腾讯视频广告
中国领先的在线视频媒体平台，月活跃用户5亿+。广告以原生形式出现在娱乐化流量场景中，智能触达用户，影响用户对品牌的感知。

腾讯新闻广告
业界领先的新闻资讯平台，月活跃用户2.9亿+，广告原生出现于资讯信息流中，依用户属性、历史浏览行为、兴趣偏好等智能投放。

QQ浏览器广告
领先的"搜着一体"综合信息平台，"隐形高裕人群"引领新消费，集"视频刷看于一体，多端场景覆盖；探索特色场景高效触达TA用户。

腾讯音乐广告
中国最大的在线音乐娱乐平台，旗下包括QQ音乐、酷狗音乐、全民K歌三大音乐产品，为品牌深度定制、实现听、看、玩多维度泛音乐一体化营销。

腾讯广告
优量汇广告
基于腾讯广告生态体系，依托于腾讯广告平台技术，在合作媒体上展示的广告产品，汇集10万+APP，月覆盖用户超过10亿。

图 2.6　腾讯广告场景

③视频营销场景。

视频营销场景是腾讯近年来大力推广的一种营销场景，企业通过在腾讯视频平台上展示广告或者发布自制视频来提高品牌知名度和转化率。腾讯视频是中国最大的视频平台之一，拥有庞大的用户群体和丰富的视频数据，企业可以利用这些优势进行视频营销。此外，腾讯视频还提供了丰富的视频创作和推广工具，帮助企业更好地管理视频营销和增强营销效果。

④电商营销场景。

电商营销场景是腾讯为企业提供的一种重要的营销场景，通过在腾讯电商平台上展示商品和广告，帮助企业扩大销售渠道和提高销售额。企业可以将商品推广给腾讯平台上的众多消费者，通过电商平台来实现电商业务的运营和管理。此外，腾讯电商还提供了一系列的数据分析工具和运营支持，帮助企业更好地管理电商业务和增强营销效果。

2.4.1.4　直播和短视频平台——抖音

（1）平台介绍

抖音是由字节跳动孵化的一款音乐创意短视频社交软件，创立于 2017 年 12 月。抖音让用户通过录制短视频展示及分享自己的生活状态，在社交平台的介质中表达自我，和朋友们互动分享。它通过拍摄短视频、配乐微调、加入图文并分享短视频给其他用户，从而结识更多的朋友。同时，抖音还向用户提供了多种交互功能，包括但不限于点赞、留言、聊天等，让用户可以更加便捷地使用该应用。

（2）营销产品

抖音的营销产品覆盖了广告投放、社交媒体营销、互动营销、合作营销和电商解决方案等多个领域，具有很高的覆盖率和精准度。图 2.7 为抖音广告资源。企业可以根据自身需求和目标受众来选择合适的营销产品，从而达到更好的营销效果。同时，抖音还提供了丰富的数据分析和优化工具，帮助企业提高品牌知名度和销售额。以下为抖音主要的营销产品。

图 2.7 抖音广告资源

①抖音广告。

抖音广告是抖音为企业提供的一种广告投放服务，通过在抖音平台上展示广告，帮助企业提高品牌知名度和转化率。抖音广告覆盖了抖音旗下的多个产品，包括抖音、抖音火山版、抖音极速版等，企业可以根据不同的受众群体和产品特点来选择合适的投放平台。此外，抖音广告还提供了丰富的广告创意和投放策略，帮助企业更好地管理广告投放和增强广告效果。

②抖音企业号。

抖音企业号是抖音为企业提供的一种社交媒体营销工具，企业通过在抖音企业号上发布内容、互动用户等方式来提高品牌知名度和用户黏性。企业可以在抖音企业号上发布短视频、图片、文字等多种形式的内容，吸引用户的关注和参与。此外，抖音企业号还提供了丰富的互动功能和数据分析工具，帮助企业更好地管理企业号和增强营销效果。

③抖音挑战赛。

抖音挑战赛是抖音为企业提供的一种互动营销产品，企业通过发起挑战赛来吸引用户的参与和关注，从而提高品牌知名度和用户黏性。企业可以根据自身的品牌特点和目标受众来制定挑战赛的主题和规则，吸引用户参与并分享到社交媒体上。此外，抖音挑战赛还提供了丰富的奖品和推广资源，帮助企业更好地推广挑战赛和增强营销效果。

④抖音达人合作。

抖音达人合作是抖音为企业提供的一种合作营销产品，企业通过与抖音平台上的知名达人合作来推广企业的品牌和产品，从而提高品牌知名度和销售额。企业可以根据自身的品牌特点和目标受众来选择合适的达人进行合作，共同创作和推广内容。此外，抖音达人合作还提供了丰富的数据分析工具和推广资源，帮助企业更好地管理合作和增强营销效果。

⑤抖音直播带货。

抖音直播带货是抖音为企业提供的一种电商解决方案，企业通过在抖音平台上进行直播销售来推广企业的产品，从而提高销售额。企业可以通过在抖音平台上开设直播间、参与直播活动等方式来进行直播带货。此外，抖音直播带货还提供了丰富的直播功能和数据分析工具，帮助企业更好地管理直播销售和增强营销效果。

（3）适用场景

抖音的营销场景覆盖了短视频、挑战赛、达人合作和直播带货等多个领域，具有很高的覆盖率和精准度。企业可以根据自身需求和目标受众来选择合适的营销场景，从而达到更好的营销效果。同时，抖音还提供了丰富的数据分析和优化工具，帮助企业提高品牌知名度和销售额。以下为抖音主要的营销场景。

①短视频营销场景。

短视频营销场景是抖音最基本的营销场景之一，企业通过在抖音平台上发布短视频来吸引用户的关注和参与，从而提高品牌知名度和用户粘性。抖音拥有庞大的用户群体和丰富的短视频数据，企业可以利用这些优势进行短视频营销。此外，抖音还提供了丰富的短视频创作和推广工具，帮助企业更好地管理短视频营销和增强营销效果。

②挑战赛营销场景。

挑战赛营销场景是抖音近年来大力推广的另一种营销场景，企业通过发起挑战赛来吸引用户的参与和关注，从而提高品牌知名度和用户粘性。企业可以根据自身的品牌特点和目标受众来制定挑战赛的主题和规则，吸引用户参与并分享到社交媒体上。此外，抖音挑战赛还提供了丰富的奖品和推广资源，帮助企业更好地推广挑战赛和增强营销效果。

③达人合作营销场景。

达人合作营销场景是抖音为企业提供的另一种重要的营销场景，企业通过与抖音平台上的知名达人合作来推广企业的品牌和产品，从而提高品牌知名度和销售额。企业可以根据自身的品牌特点和目标受众来选择合适的达人进行合作，共同创作和推广内容。此外，抖音达人合作还提供了丰富的数据分析工具和推广资源，帮助企业更好地管理合作和增强营销效果。

④直播带货营销场景。

直播带货营销场景是抖音为企业提供的另一种重要的营销场景，企业通过在抖音平台上进行直播销售来推广企业的产品，从而提高销售额。企业可以在抖音平台上开设直播间、参与直播活动等方式来进行直播带货。此外，抖音直播带货还提供了丰富的直播功能和数据分析工具，帮助企业更好地管理直播销售和增强营销效果。

2.4.2 网络营销常用方法

网络营销可以帮助企业快速、准确地传达产品或服务的信息，吸引目标客户。网络营销可以提高企业知名度和品牌价值，增强市场竞争力。网络营销可以降低营销成本，提高营销效率，实现精准营销，使企业获得更大的市场份额。总之，合理地选取网络营销方式可以有效地增强企业的营销效果，提升企业的市场竞争力。

2.4.2.1 搜索引擎营销

搜索引擎营销（Search Engine Marketing，SEM）是随着搜索引擎的发展而诞生的一种网络营销方式，是基于搜索引擎平台开展的网络营销，它利用人们对搜索引擎的依赖和使用习惯，在其检索信息的时候将营销信息传递给目标用户。搜索引擎营销要求以最少的投入获得最大的访问量，并获取相应的商业价值。用户利用搜索引擎搜索信息是一种主动表达自己真实需要的方式，因此，搜索与某类产品或某个品牌相关的关键词的用户，就是该产品或品牌所寻找的目标用户或潜在目标用户，这也是搜索引擎应用于网络营销的基本原理。

搜索引擎营销得以实现的基本过程是企业将信息发布在网站上使其成为以网页形式存在的信息源，企业营销人员通过免费注册搜索引擎、交换链接或付费的竞价排名关键字广告等手段，使企业网站被各大搜索引擎收录到各自的索引数据库中。这样，当用户利用关键词进行检索（对于分类目录则是逐级目录查询）时，检索结果中就会出现相关的索引信息及其链接，用户则会根据对检索结果的判断，选择感兴趣的信息并点击打开信息源所在网页，从而完成企业从发布信息到用户获取信息的整个过程[①]，如图 2.8 所示。

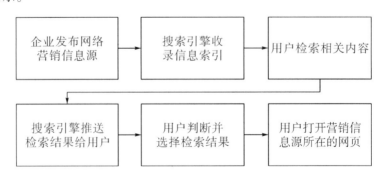

图 2.8 搜索引擎营销信息传递过程

① 刘建华，许茂伟. 网络营销基础与实务. ［M］. 北京：人民邮电出版社. 2022：98-100.

2.4.2.2 网络事件营销

网络事件营销（Internet Event Marketing），是指开展网络营销的企业通过策划、组织和利用具有新闻价值、社会影响力以及名人效应的人物或事件，以网络为传播载体，吸引网络媒体、社会团体和消费者的兴趣与关注，以求建立、提高企业或产品的知名度、美誉度，树立良好的品牌形象，并最终促成产品或服务销售的营销方式。企业做好网络事件营销，往往可以快速、有效地宣传其产品或服务。

传播与推广是网络事件营销的重要环节，其效果直接影响网络事件营销的最终效果。企业要想达到网络事件营销的目的，就必须注重传播。只有实现有效的传播，目标群体才有可能了解该网络事件，熟悉企业品牌，从而避免网络事件营销成为企业的独角戏。网络事件营销的传播过程一般包括传播目标确定、当下网络环境分析、事件传播方案制订以及组织事件实施四个步骤①，如图 2.9 所示。

图 2.9　网络事件营销的传播过程

2.4.2.3 大数据营销

随着信息技术和互联网的发展，海量数据时代已经到来，数据所蕴含的巨大价值逐渐得到认可。在云计算、物联网、社交网络等新兴服务的影响下，人与人之间、人与机器之间以及机器与机器之间产生的数据信息规模正在以前所未有的态势增长，数据开始从简单的处理对象转变为一种基础性资源。大数据营销作为一种精准的市场营销方法，在网络营销活动中得到了广泛的应用。

大数据营销是通过大数据技术，对从多平台获得的海量数据进行分析，帮助企业找到目标用户，并以此为基础对广告投放的内容、时间及形式进行预测与调配，从而实现广告精准投放的营销过程。按照大数据处理的一般流程，大数据技术可以分为大数据采集技术、大数据存储和管理技术、大数据分析技术和大数据应用技术四类②，如图 2.10 所示。

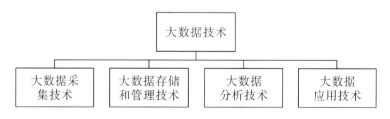

图 2.10　大数据技术中的四大技术

2.4.2.4 短视频营销

短视频营销是指企业或个人，借助短视频平台，发布优质的短视频内容来吸引用户、推广品牌、宣传产品等，最终实现促进产品销售的目的的营销活动。作为随着移

①　刘建华，许茂伟. 网络营销基础与实务. [M]. 北京：人民邮电出版社. 2022；113-114.
②　刘建华，许茂伟. 网络营销基础与实务. [M]. 北京：人民邮电出版社. 2022；131.

动互联网发展并借助短视频兴起的一种新型的网络营销方式，短视频营销因具有成本低、目标精准、互动性强、传播迅速、冲击力强以及营销效果容易预测和评估等优势，在当前的网络营销实践中被越来越广泛地应用。未来，短视频营销将成为碎片化信息时代的主流营销形式。

短视频的营销模式主要有广告植入式、场景式及情感共鸣式等。广告植入式营销比较好理解，即在短视频中植入广告，将广告通过短视频传播给目标受众，以实现宣传品牌和促进销售的目的。场景式营销是指开展短视频营销的企业，通过在短视频中营造特定的购物场景，给用户以身临其境的感受，并在线与对产品感兴趣的用户实时互动，从而达到营销目的。情感共鸣式营销是指企业从用户的情感需求出发，借助短视频引发用户在情感上的共鸣与反思，从而实现寓情感于营销之中的一种营销方式。例如，中国人有着很深的乡愁情结，因为乡愁不仅是人们对家乡的怀念之情，还蕴含着人们对过去的美好时光、情景的怀念之情。一些企业以乡愁为主题创作短视频，将家乡产品塑造为人们乡愁的象征，很好地将产品与思乡之情融为一体，极大地激发了用户的购买欲望①。

2.4.2.5 直播营销

网络直播是近几年兴起的一种新的强互动性的视频娱乐方式和社交方式，具体形式有游戏直播、才艺直播、电视剧直播、电影直播和体育直播等。借助网络直播平台，网络主播可以将现场的画面实时展现给目标用户，并与目标用户进行双向的互动交流。网络直播具有直观形象、互动性强等优点，已成为大众娱乐消遣、获取信息的重要途径之一。

直播营销是指开展网络直播的主体（企业或个人）借助网络直播平台对产品进行多方位展示，并与用户进行双向互动交流，通过刺激用户的购买欲望来引导用户产生购买行为，从而实现营销目标的一种新型网络营销方式。一般来说，直播营销包括场景、人物、产品和创意四个要素。其中场景是指直播营销的环境和氛围；人物是指直播者，即所谓的主播，可以是一个人，也可以是多个人；产品即直播营销中要展示和推介的对象，可以是家电、食品、服饰等实体产品，也可以是游戏、服务、课程等无形产品；创意是指企业在开展直播营销时要有创造性的想法和新颖的构思，并以此来吸引目标用户②。

随着网络平台的发展、观看直播的用户的增加以及一大批主播带来的示范效应，直播营销已经成为备受企业重视的网络营销方式，甚至一些著名的企业家和政府工作人员也纷纷走进直播间。企业家通过直播为本企业产品宣传造势以促进产品销售，政府工作人员则通过直播推荐地方特色产品以促进当地经济发展。

2.4.2.6 移动营销

移动营销是移动电子商务环境下将移动通信和互联网二者结合起来的营销活动，是网络营销在移动互联网技术支持下的延伸，具有分众识别（Individual Identification）、即时信息（ Instant Message）、互动沟通（Interactive Communication）和个性化这四大特

---

① 刘建华，许茂伟. 网络营销基础与实务. ［M］. 北京：人民邮电出版社. 2022，69–71.
② 刘建华，许茂伟. 网络营销基础与实务. ［M］. 北京：人民邮电出版社. 2022；82–83.

点。借助移动网络和智能终端设备，移动营销可以帮助企业实现品牌传播、产品销售和营业推广等一系列的营销活动。移动营销的功能强大，应用广泛，方法多样，不仅传统的网络营销方法如搜索引擎营销、网络事件营销、网络软文营销等在移动营销中依然适用，而且还诞生了一些移动营销特有的营销方法。微博营销、微信营销、App营销以及O2O营销就是其中的代表。

（1）微博营销

微博作为一款重要的社交平台，其用户规模庞大，已成为企业开展网络营销的重要渠道之一。微博营销是一种利用微博平台进行营销活动的方式，它通过发布短小精悍的文字、图片、视频等多媒体内容，吸引用户关注，传递品牌信息，促进销售增长。企业通过在微博上建立公众账号，发布产品信息和内容，与粉丝进行互动，实现产品推广和品牌传播。

微博营销的主要方式包括五种。一是信息发布。企业及时发布产品新闻、活动信息等，吸引用户关注。二是内容营销。发布有价值的图片、视频和文章内容，提升用户黏性。三是事件响应。及时参与热门事件讨论，增强品牌参与度。四是互动回复。及时回复用户问题和评论，满足用户需求，提升用户体验。五是线下活动整合。将线下活动内容上线，扩大影响力。另外，还可以通过发起话题标签、超话等方式进行定向推广。利用微博广告为产品单独投放也很重要。此外，还可以与微博认证媒体及微博合作伙伴进行联动，实现资源互通。

（2）微信营销

微信是腾讯公司在2011年推出的一款为智能终端提供即时通信服务的免费应用程序，它已从最初的社交通信工具发展为连接人与人、人与商业的平台。微信营销是一种创新的网络营销模式，主要利用手机、平板电脑中的微信App进行区域定位营销，并借助微官网、微信公众平台、微会员、微推送、微活动、微支付等开展营销活动。

微信营销的主要方式包括五种。一是公众号运营。定期推送产品/行业资讯，增加粉丝黏性。二是内容营销。发布图片、视频等形式丰富的内容，提升用户参与度。三是互动回复。及时解答用户疑问，满足需求。四是小程序开发。基于微信生态研发App，实现用户留存。五是线下活动整合。将线下活动上线，扩大影响力。此外，还可以利用订阅号发布定制内容；利用微信搜索进行关键词推广；利用微信支付实现交易；利用小店铺功能直达电商；还可以与微信认证媒体进行联动，实现资源互通。通过公众号长期输出优质内容，结合小程序等多端，实现用户全流程管理。重视用户体验和交互设计，提升粉丝参与度。同时利用各类营销工具进行多维度推广。如果能高效运用微信生态，将有效提升品牌影响力和业务规模，助推企业发展。

（3）App营销

App是英文单词Application的简写，是指在智能手机上安装的应用程序。而App营销则是指企业利用App将产品、服务等相关信息展现在消费者面前，利用移动互联网平台开展营销活动。

App营销的主要方式包括五种。一是App下载推广。利用各渠道进行下载链接推广，如搜索引擎、社交平台等。二是注册激励。设置优惠或赠送虚拟物品，提升用户黏性。三是内容更新推送。定期推送新功能、活动等，保持用户参与。四是个性化推荐。根据用户画像进行精准推荐。五是在 App 内发布广告。利用广告位进行产品展示。此外，还可以利用 App 内社交功能进行用户互动，丰富 App 生态圈。也可以整合第三方平台功能，如支付、地图等，提升用户体验。利用数据分析优化产品和服务。高质量的 App 内容和用户体验，是 App 营销的关键。长期输出新鲜内容，优化细节，提升用户活跃度和留存率，同时采取多渠道推广策略，利用各种营销手段进行多维度吸引和转换用户，高效运用 App 生态，将有效提升企业品牌影响力和业务规模。

（4）O2O 营销

O2O 立体营销，是基于线上（Online）、线下（Offline）全媒体深度整合营销，以提升品牌价值转化为导向，运用信息系统移动化，帮助品牌企业打造全方位渠道的立体营销网络，并根据市场大数据（big data）分析搭建起一整套完善的多维度立体互动营销模式，从而实现大型品牌企业全面以营销效果为全方位视角，针对受众需求进行多层次分类，选择性地运用报纸、杂志、广播、电视、音像、电影、出版、网络、移动在内的各类传播渠道，以文字、图片、声音、视频、触碰等多元化的形式进行深度互动融合，涵盖视、听、光、形象、触觉等人们接受资讯的全部感官，对受众进行全视角、立体式的营销覆盖，帮助企业打造多渠道、多层次、多元化、多维度、全方位的立体营销网络。

2.4.2.7 其他营销方式

（1）论坛营销

论坛营销是伴随互联网论坛的兴起而产生的一种网络营销方式，开展网络营销的企业利用网络论坛，通过文字、图片、视频等方式发布产品和服务信息，以宣传企业、展示产品、提供销售服务、增进与网络用户的关系并最终促成产品销售。论坛作为用户交流互动的平台，其用户黏性强，已成为企业开展网络营销的重要渠道之一。企业可以在相关论坛上开展以下营销活动：

①主题帖子发布。发布产品/行业相关问题和资讯，吸引用户关注。

②内容贡献。定期提供优质产品知识或解答，赢得用户信任。

③活动参与。参与论坛活动互动，增强用户参与度。

④问答互动。及时解答用户疑问，提升用户体验。

⑤广告投放。在论坛合适位置进行产品/服务展示。

此外，还可以利用论坛认证资源，如认证帖、认证店铺等进行产品展示。与论坛管理合作，进行联合推广。利用论坛搜索引擎进行关键词优化。长期在论坛参与互动和贡献内容，可以获得用户好感，提升品牌影响力。同时结合其他渠道进行多维度推广也很重要。如果利用好论坛这一重要社区资源，将有效助推企业产品销量和知名度提升。

（2）电子邮件营销

电子邮件是一种利用计算机通过电子通信系统进行书写、发送和接收的信件，是一种利用电子手段进行信息交换的通信方式。电子邮件结合了电话通信和邮政信件的优势，既能像电话一样快速地传送信息，又能像邮政信件一样体现收件人信息、邮件正文等。同时，用户利用电子邮件也可以免费收到大量的新闻、专题邮件等，轻松实现信息搜索。正是由于具有使用简单、投递迅速、形式多样、传递快捷、易于保存等特点，电子邮件被广泛应用①。

凡是利用电子邮件开展营销活动的商业行为都可以被称为电子邮件营销，但未经用户许可而大量发送的电子邮件通常被称为垃圾邮件。通过发送垃圾邮件开展营销活动是一种违法的商业行为，很容易招致用户的反感。而许可电子邮件营销则是在用户允许的前提下，通过电子邮件向目标用户传递有价值的信息的一种网络营销手段。用户允许商家发送电子邮件是开展许可电子邮件营销的前提。因此，一些网站在用户注册成为会员或申请网站服务时，就会向用户询问"是否愿意接收本公司不定期发送的产品的相关信息"，或者提供一个列表供用户选择希望收到的信息。在用户允许后，网站才可以在提供服务的同时附带发布一定数量的商业广告。

许可电子邮件营销具有成本低、实施快速、目标精准、主动出击等优势，因此自诞生之日起，就被众多开展网络营销的企业所重视。

（3）病毒式营销

病毒式营销（Viral Marketing）是一种用户通过自发分享，实现内容快速传播的营销模式。它模仿病毒传播的方式，通过个人的口碑效应来扩大影响力，其原理是利用受众的积极性和人际网络，通过互联网的快速复制与传递功能让营销信息在互联网上像病毒一样迅速扩散与蔓延。病毒式营销常被用于网站推广、品牌推广、为新产品上市造势等营销实践。需要注意的是，病毒式营销成功的关键是关注受众的体验和感受，即是否能给受众带来积极的体验和感受。主要方式有：

①制作有吸引力的短视频或图片内容，易于用户分享。

②通过粉丝发起传播，利用其社交关系网进行扩散。

③内容设计上追求新颖有趣，能引起共鸣赞赏的情感传播。

④内容中有机插入产品信息或品牌元素。

⑤利用各社交平台进行跨平台传播。

此外，还可以利用网红或知名度高的个人，扩大初期传播范围。利用数据分析传播效果，不断优化内容。如果内容设计得当，利用个人社交关系进行有效传播，将能形成爆发式传播效应。从而在短时间内快速扩大影响力，降低宣传成本，实现产品传播。病毒式营销是一种高效率的网络营销手段。

（4）软文营销

软文营销又叫网络新闻营销，是企业通过门户网站、自建网站或行业网站等网络平台，传播一些具有阐述性、新闻性和宣传性的文章，包括网络新闻通稿、深度报道、案例分析、付费短文广告等，从而把企业、品牌、人物、产品、服务、活动项目等相关信息以新闻报道的方式，及时、全面、有效、经济地向社会公众广泛传播。

软文营销的主要方式包括：

①网站和官方账号发布。定期输出优质软文，吸引粉丝关注。

②推送分享。利用各社交平台进行软文分享。

③搜索引擎优化。通过关键词软文，提升网站流量。

④活动整合。将软文内容应用到线下活动中。

① 刘建华，许茂伟. 网络营销基础与实务.［M］. 北京：人民邮电出版社. 2022：187.

⑤产品信息插入。有机插入产品信息进行推广。

此外，还可以利用软文进行用户画像，进行个性化推送。也可以与知名作者或平台进行联合推广。软文内容如果能触动用户产生情感共鸣，将有效提升用户黏性和参与度。长期输出优质软文，通过多渠道传播，可以帮助企业提升品牌影响力，并助推产品销量，实现商业目的。

通常情况下，网络软文营销会与微博营销、微信营销、论坛营销等配合进行，这样的组合营销能强化营销的效果，提升产品的形象与销量。

（5）二维码营销

二维码营销是指将企业的营销信息植入二维码，通过引导消费者扫描二维码来推广企业的营销信息，以促进消费者产生购买行为。在当今网络营销逐渐从 PC 端向移动端倾斜的时代，二维码营销以其成本低、应用广泛、操作简单、易于调整等优点得到迅猛发展[①]。维码营销的主要方式包括：

①印刷二维码。将二维码印刷在广告、产品等物品上。

②数字营销渠道发布。在网站、App、微信公众号等发布二维码。

③线下活动使用。将二维码应用在线下展会、会议等场景。

④扫码互动。设置扫码后跳转专题或参与活动。

⑤数据分析优化。根据扫码数据优化二维码策略。

此外，还可以设置个性化二维码追踪用户行为；利用热点产品进行二维码激励；与线下门店深度整合，实现用户无缝导流。高效利用二维码将线上资源有效连接到线下，提升用户参与度和转化率，实现精准营销效果。二维码营销是线上线下资源深度融合的重要手段。

2.5　乡村振兴与网络营销

乡村振兴战略是习近平总书记于 2017 年 10 月 18 日在党的十九大报告中提出的。农业农村农民问题是关系国计民生的根本性问题，必须始终把解决好"三农"问题作为全党工作的重中之重，实施乡村振兴战略。乡村振兴是我国农村发展的重要战略，旨在通过促进农村经济、社会和文化的全面发展，提升农村居民的生活质量和幸福感。网络营销作为一种现代化的营销手段，在乡村振兴中的作用越来越受到关注。

2.5.1　网络营销在乡村振兴中的重要性

（1）拓展销售渠道，提升农产品的市场竞争力

网络营销可以通过电子商务平台、社交媒体等渠道，将农产品直接推向市场，减少中间环节，降低销售成本，提高农产品的市场竞争力。同时，通过网络营销，可以针对消费者的需求和反馈进行精准的市场营销策略，提高农产品的销售量和附加值。

---

① 刘建华，许茂伟. 网络营销基础与实务.［M］. 北京：人民邮电出版社. 2022. 191.

（2）促进农村旅游资源的开发与推广

网络营销可以通过图片、视频等多媒体形式，将农村的自然风光、人文景观等旅游资源展现给消费者，提高农村旅游的知名度和美誉度。同时，通过网络营销，可以与旅游平台合作，提供在线预订、个性化旅游服务等功能，促进农村旅游资源的开发与推广。

（3）优化农村产业结构和经济增长方式

网络营销可以通过市场调研、数据分析等方式，为农村产业发展提供科学依据和市场需求预测，指导农村产业结构的调整和优化。同时，通过网络营销，可以引导农民参与电子商务、网络创业等活动，推动农村经济的数字化和现代化。

2.5.2 网络营销在乡村振兴中的应用现状

（1）政府部门的大力推广

为了促进乡村振兴，各级政府部门积极推广网络营销，建设农村电商服务平台，培训农民网络营销技能，提供政策支持和资金扶持等措施，推动网络营销在乡村振兴中的应用。例如，"淘宝村"模式在许多农村地区得到推广，一个个电商产业集群形成，带动了当地经济的发展。

（2）电商平台的蓬勃发展

近年来，电商平台积极布局农村市场，推动农产品的线上销售。例如，京东在许多县域设立了县级服务中心，通过"京东到家"开展农产品配送服务；淘宝也开设了"淘乡甜"频道，专门销售地标性优质农产品。这些电商平台的蓬勃发展，为农产品的网络营销提供了多元的平台和渠道。

（3）农村合作社与农业企业的积极探索

为了提高农产品的销售量和附加值，许多农村合作社与农业企业积极探索网络营销模式。例如，通过微信小程序、微信公众号等自媒体平台进行农产品宣传和销售；或者通过社交媒体平台进行众筹和预售等创新性的销售模式。这些探索不仅拓展了农产品的销售渠道，也提高了农产品的市场竞争力。

2.5.3 乡村振兴背景下网络营销的发展策略

（1）加强网络基础设施建设，提高农民的网络营销意识和技术水平

加强网络基础设施建设是发展网络营销的基础。政府部门应加大对农村网络基础设施的投入力度，提高农村宽带的覆盖率和稳定性；同时，还要加强对农民的网络营销意识和技术培训，提高他们的信息获取能力和网络营销技能水平。可以通过举办培训班、现场指导等方式进行培训；也可以通过组织农民到先进的地区进行实地考察和学习经验等来提高他们的网络营销意识和技能水平。

（2）打造农产品品牌和溯源体系，提高产品的质量和附加值

打造农产品品牌和溯源体系是提高农产品质量和附加值的关键。首先，要加强对农产品的质量监管和检测，确保农产品的质量安全；其次，要建立农产品的溯源体系，通过二维码等技术手段实现农产品生产、加工、流通等全过程的追踪和溯源；最后，要注重培育和打造农产品品牌，提高品牌的知名度和美誉度。通过这些措施，可以提高农产品的质量和附加值，进而提高农产品的市场竞争力。

（3）创新网络营销模式和手段，提升农产品的市场竞争力

创新网络营销模式和手段是提升农产品市场竞争力的有效途径。首先，要结合农产品的特点和目标消费者的需求，制定精准的市场营销策略；其次，要利用电商平台、社交媒体等渠道进行多层次的推广和销售；再次，还可以通过直播带货、短视频宣传等方式进行互动式的营销推广；最后，还可以利用大数据分析、人工智能等技术手段进行精准化的市场营销和预测。通过这些创新模式和手段的应用，可以提升农产品的市场竞争力，实现乡村振兴的目标。

（4）建立健全的网络营销政策和法规体系，保障农民的合法权益

建立健全的网络营销政策和法规体系是保障农民合法权益的必要条件。政府部门应加强对网络营销的监管，建立健全的网络营销政策和法规体系；同时，还要加强对农民的权益保护和服务支持。例如，通过建立健全的农产品质量标准体系和检测体系，加强对电商平台的监管和管理，建立健全的农产品追溯标准和体系等，保障农民的合法权益和服务支持。此外，还要通过加强对电商平台和企业的管理和监管力度，建立完善的消费者投诉机制和维权渠道等来保障消费者的合法权益和提供服务支持。通过这些措施来保障农民的合法权益和提供服务支持，可以促进网络营销在乡村振兴中的可持续发展。

2.5.4 网络营销在乡村振兴中的运用

（1）网络营销助推乡村特色产业发展

农村地区拥有丰富的地方特色产业资源，如农特产品、手工艺品等。通过网络营销，可以有效开拓这些产品的市场通道。比如利用直播平台或短视频上线现场直播，展示产品制作过程和特点，与网友互动，可以提升产品知名度。同时也可以在网上开设专卖店铺，实现产品的全国性销售。如此一来，不仅可以推动特色产业发展壮大，也可以增加农民收入，促进乡村经济转型升级。

（2）网络营销助推乡村旅游发展

乡村地区自然风光和人文景观独特，拥有巨大的旅游潜力。通过网络营销，可以充分展示乡村的各种旅游资源，如乡村民宿、乡村美食、乡村手工艺等，吸引更多游客前来体验。同时也可以在网络上开展乡村主题的旅游活动，如网络直播乡村探险等，增强互动性，有效扩大乡村旅游的影响力和规模。乡村旅游已成为乡村经济一个重要支柱产业。

（3）网络营销助推乡村教育与医疗卫生服务发展

网络技术可以助推乡村教育和医疗服务的发展。比如利用在线教学平台开展乡村小学的网络课堂，弥补基础教育资源的不足。同时也可以通过视频会诊等方式，为乡村居民提供更便捷的医疗咨询服务。这将在一定程度上解决乡村教育和医疗资源不足的问题，提升乡村人口福祉水平。

（4）网络营销促进城乡一体化发展

网络技术可以架起城乡之间的信息桥梁。通过网络，城乡居民可以更好地互相了解和交流互动。城镇企业可以利用网络更好地了解和吸引乡村人才；乡村产品也可以通过网络进入城市销售渠道。这将有利于促进城乡产业融合与人才流动，加快推进城乡一体化发展。

网络营销为乡村振兴提供了重要支撑。只要结合乡村实际，灵活运用各种网络营销手段，就会推动乡村经济社会的全面发展。这也是深入实施乡村振兴战略的一个重要方面。

【知识小结】

网络营销是一种利用互联网进行营销的活动，主要通过数字化工具和技术来推广产品和服务。在进行网络营销前，需要对营销环境进行深入的分析和调研，制定出有效的营销策略，选择合适的营销平台和方法。网络营销可以帮助企业更好地推广产品和服务，提升品牌知名度和美誉度，促进经济发展和社会进步。同时，网络营销也可以为乡村振兴提供有力的支持和帮助，推动农村经济的发展和提升农民的生活水平。

本章首先对网络营销的概念、特点、内容和相关法规进行了简要的描述；其次介绍了网络里营销环境分析、网络调研和网络营销策略，分别对网络营销环境、网络消费者、网络市场调研以及网络营销调研报告进行了探讨；再次对网络营销平台和方法进行了阐述；最后对乡村振兴背景下网络营销的运用进行了介绍。

【课后习题】

一、判断题

1. 网络营销的价值，就在于可以使从消费者到生产者的价值交换更便利、更充分、更有效率。 （　　　）

2. 首创网上"在线订购模式"的公司是微软。 （　　　）

3. 网络营销就是网络推广。 （　　　）

4. 社群交流是发动社群成员共同参与讨论的一种活动形式，挑选一个有价值的主题，让社群的每一位成员都参与交流，通过交流输出高质量的内容。 （　　　）

5. 所有可以发表原创文章的社交平台或营销平台，都拥有粉丝赞赏的相关功能。

（　　　）

二、单选题

1. 下列对网络营销的基本思想表达合理的是哪一项？（　　　）

    A. 直接或间接促进销售，获得订单

    B. 通过互联网向用户传递有价值的营销信息

    C. 是传统品牌在网上的延伸

    D. 通过网络推广获得网站访问量

2. 现在大多数软件商都会为用户免费提供软件升级服务，你认为这属于网络营销的产品整体概念中的哪一个层次？（　　　）

    A. 核心产品层　　　　　　　　B. 形式产品层

    C. 延伸产品层　　　　　　　　D. 潜在产品层

3. 将调查问卷的 HTML 文件附加在一个或几个网络站点的 Web 上，由浏览这些站点的网上用户在此 Web 上回答调查问题的方法是（　　　）。

A. 电子邮件法   B. 随机 IP 法

C. 站点法   D. 视频会议法

4. 网络营销活动所面临的各种外部条件的总称是指（   ）。

   A. 网络营销环境   B. 网络营销平台

   C. 网络营销方式   D. 网络营销手段

5. 折价券属于（   ）。

   A. 赠品促销   B. 打折促销

   C. 拍卖促销   D. 免费促销

6. 阿里巴巴推出了淘宝头条，也开通了淘宝直播，还收购或者参股微博、优酷等内容平台，成立了（   ）。

   A. 京条计划   B. 阿里妈妈

   C. 阿里文娱大鱼号   D. 百度百家号

7. 关于内容投放，以下说法正确的是（   ）。

   A. 广告内容投放主要包括投放的内容、频率及渠道打折促销

   B. 广告内容投放主要包括投放的时间、频率及渠道免费促销

   C. 广告内容投放主要包括投放的频率、对象及渠道

   D. 广告内容投放主要包括投放的时间、频率及版面

8. 微博是一个（   ）的平台，更倾向于社会化信息网络，传播范围广。

   A. 深社交、精传播   B. 深社交、泛传播

   C. 浅社交、精传播   D. 浅社交、泛传播

9. 社群是有共同爱好和目标的人所组成的群体，其最大的特点就是（   ）。

   A. 社交性   B. 免费性

   C. 盈利性   D. 运营性

三、多选题

1. 网络营销在定价方面有哪些特点？（   ）

   A. 全球性   B. 低价位定价

   C. 顾客拥有很强的话语权   D. 价格是高度透明

2. 网络营销在促销方面，有哪些功能？（   ）

   A. 展示功能   B. 说服功能

   C. 反馈功能   D. 创造需求功能

3. 下面关于网络市场调研的特点说法正确的是（   ）。

   A. 效率高   B. 费用低

   C. 容易被外界因素干扰   D. 互动性强

4. 下面关于 IM 营销的特点有（   ）。

   A. 成本低   B. 用户数量大

   C. 低互动性   D. 针对性较弱费用低

5. 在微博素材收集的过程中，主要可以选择以下哪些方式进行收集？（   ）

   A. 生活琐事素材   B. 行业周边素材

   C. 热点话题素材   D. 专业领域素材

 **任务实践**

任务名称	直播选品	
任务背景	随着互联网技术的不断发展，直播已经成为一种新型的电子商务模式，越来越多的消费者开始通过直播购买商品。然而，直播的选品过程并不简单，需要考虑到多种因素，如商品品质、消费者需求、市场竞争等。因此，本次任务旨在通过实践，提高学生的直播选品能力和素质，为学生的职业发展和创业提供帮助。	

任务描述	序号	任务内容	难度
	1	选品目标确定	一般
	2	选品范围确定	容易
	3	产品筛选	一般
	4	选定产品	容易
	5	对选定的产品进行深入了解和分析	一般
	6	选品策略制定	较难

任务报告（不少于800字）

电商直播
技能实训教程

电商直播
技能实训教程

任务评价				
评价类别		评价内容	分值	教师评分
知识评价	1	了解网络营销相关法律法规	10	
	2	熟悉网络营销环境分析	10	
	3	掌握网络营销调研方法	15	
	4	熟悉网络营销策略	10	
能力评价	1	通过对营销环境分析确定选品目标	10	
	2	通过调研确定选品范围、筛选产品	10	
	3	从功能、特点、优势、价格上分析产品卖点	15	
素养评价	1	学生培养创新思维和实践能力的情况	5	
	2	学生树立严谨的实训态度的情况	5	
	3	学生具备的职业素养素质的情况	10	
总分				

3 | 电商直播概论

 项目要求

　　本章主要聚焦于电商直播领域，探讨了电商直播的多个关键方面，旨在为学生提供系统性的知识与实践指导。电商直播作为电子商务的新兴形式，以其直观、互动、娱乐性强的特点，迅速成为商业运营的热门选择。通过本章节的学习，学生将深入了解电商直播的运作模式、策划技巧以及政策法规，为将来在这一领域进行创业或从事相关工作打下坚实基础。

　　首先，我们将从电商直播的概述入手，介绍其起源、发展历程以及在商业生态中的地位和作用。通过对电商直播市场趋势的分析，学生将了解到这一领域的前景和机遇。其次，我们将探讨直播脚本策划的重要性以及如何撰写引人入胜的脚本。通过案例分析和实践操作，学生将学习如何结合产品特点与目标受众，设计引人注目的直播内容，从而提升观众的参与度和购买意愿。在直播选品与运营部分，我们将详细讨论如何选择适合直播销售的产品，并介绍直播推广的方法和技巧。学生将了解到如何进行产品定位、包装与展示，以及如何利用社交媒体等渠道进行宣传，实现销售增长。直播政策法规是电商直播运营不可忽视的一环，我们将深入探讨相关的法律法规和政策要求。通过了解电商领域的合规要求，学生将在未来的实际操作中更好地遵守相关规定，避免法律风险。最后，我们将关注乡村振兴与农产品直播这一热门话题。通过案例研究，学生将了解如何利用电商直播平台推动乡村产业发展，提升农产品的营销与销售效果，实现农村经济的可持续增长。

　　通过本章的学习，学生不仅将获得电商直播领域的知识，还将通过案例分析、实践操作等形式，培养创新思维和实际操作能力，为未来在电商直播领域取得成功打下坚实基础。希望同学们能够积极参与，深入掌握其中的关键要点，为将来的职业发展和创业计划做好充分准备。

学习目标

【知识目标】

➤电商直播概述：学生将了解电商直播的定义、特点和发展历程；熟悉电商直播的基本运作模式，包括直播内容制作、互动、销售和用户体验等。

➤直播脚本策划：学生将掌握直播脚本策划的核心要点，包括情节设计、引导互动、产品展示等；将了解如何根据不同直播主题和产品类型撰写脚本，以吸引观众并促进销售。

➤产品选品与运营：学生将学习产品选品的策略，包括市场调研、产品定位和竞争分析等；了解电商直播推广的方法，如社交媒体传播、直播平台合作等，以扩大产品曝光度和吸引潜在客户。

➤直播政策法规：学生将熟悉电子商务领域的法律法规和政策要求，特别关注与电商直播相关的知识，如消费者权益保护、广告宣传法规等；理解合规经营的重要性，以及如何避免违法风险。

➤乡村振兴与农产品直播：学生将了解乡村振兴战略和农产品直播的背景；研究如何通过电商直播平台，将农产品与乡村旅游等资源相结合，推动农村经济发展和产业升级。

【能力目标】

➤直播脚本策划与撰写：学生将掌握撰写引人入胜的直播脚本的技能，能够根据产品特点和目标受众设计内容，提高直播的吸引力和互动性。

➤产品选品与推广：学生将具备对产品进行定位和选品的能力，能够运用营销技巧将产品通过直播渠道进行有效推广，提升销售效果。

➤法律合规意识：学生将了解电商直播领域的法律法规和政策要求，培养遵守合规要求的意识和能力，降低法律风险。

➤乡村振兴实践：学生将学会利用电商直播促进乡村振兴，将理论与实际相结合，推动农产品销售，为乡村经济发展贡献力量。

【素质目标】

➤情感态度培养：通过学习电商直播的案例，培养学生积极进取的态度和创新精神，增强对新兴商业模式的兴趣和热情。

➤情商心智提升：学生将通过直播内容策划和互动，提高沟通、合作和情感管理等情商技能，为团队合作和社交能力的提升打下基础。

➤思想素质塑造：学生将通过对乡村振兴与农产品直播的学习，培养关注农村发展、社会责任等思想素质，增强社会意识。

➤社会主义核心价值观：在学习过程中，学生将进一步理解并贯彻社会主义核心价值观，将其融入实际操作和商业决策，形成正确的商业伦理观念。

学习导图

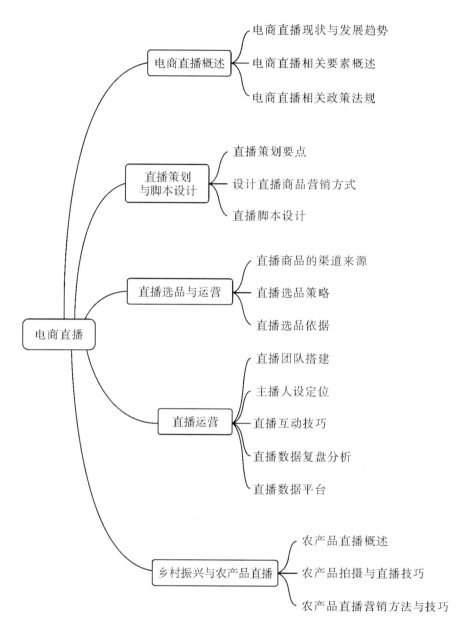

电商直播
- 电商直播概述
  - 电商直播现状与发展趋势
  - 电商直播相关要素概述
  - 电商直播相关政策法规
- 直播策划与脚本设计
  - 直播策划要点
  - 设计直播商品营销方式
  - 直播脚本设计
- 直播选品与运营
  - 直播商品的渠道来源
  - 直播选品策略
  - 直播选品依据
- 直播运营
  - 直播团队搭建
  - 主播人设定位
  - 直播互动技巧
  - 直播数据复盘分析
  - 直播数据平台
- 乡村振兴与农产品直播
  - 农产品直播概述
  - 农产品拍摄与直播技巧
  - 农产品直播营销方法与技巧

案例导入

被萝卜干改变人生，她从"打工妹"变成电商达人

泸州，自古以来以酒为名。"佳酿飘香自蜀南，且邀明月醉花间，三杯未尽尤酣。" 1 000 多年前，苏轼就表达了对泸酒的偏爱和迷恋之情。"川香秋月"就出生在这里。

"川香秋月"本名吴秋月，1988年出生，四川省泸州市纳溪区白节镇竹海村人，乡村主播，她靠着自己的努力成为了拥有1 000万粉丝的短视频达人。和大多数人一样，吴秋月的创业之路也并非一帆风顺。

1. 初次创业，屡屡碰壁

2006年，吴秋月和丈夫黄中平走出蜀南泸州，外出打工。从深圳到宁波，吴秋月和黄中平在外漂泊了足足三年。这三年间他们很少回家，他们对未来也变得焦虑起来，亲人的思念和陌生城市的孤独时常让他们徘徊。最终，两人选择了回家。2010年，电子产品和网络冉冉升起，善于观察的吴秋月发现身边的同事们都喜欢在网上买东西，于是同丈夫商议，干脆买一台电脑，自己当商家搞点小买卖。可当真正做起来的时候，吴秋月和丈夫才发现这个买卖并没有他们想象中的那么美好，当时网络购物刚起步，大多数人不愿意尝试，代充话费受众面小，而且利润极低，每单只赚几毛钱，不适于长期发展。摸透了网店的运营流程后，吴秋月开始寻找利润更高的产品。就在这时，他们把目标瞄准了女鞋。卖女鞋是吴秋月和丈夫创业的第一次转机，一开始，收益还算可观。可是随着越来越多的商家进入，客户选择的余地也越来越多，吴秋月只是作为一个小小的中间商，代销的模式让他们的店铺逐渐走了下坡路。于是吴秋月和丈夫决定寻求一些改变，不做代销，要自己生产货源。这一次他们把目光瞄准了四川的特色小吃。他们刚开始的营收很好，可毕竟是第一次自己做老板，作为小型商家的吴秋月在传统电商的赛道上，缺乏经验也无人指导，不懂维护和运营，摸不准顾客的需求，无论是从口味还是服务，都没能让顾客满意。无奈之下，两人关闭了店铺。两次传统电商创业都失败了，这不仅让他们亏损了几十万元，也打击了他们向前拼搏的信心。

2. 风雨过后便是彩虹

孟子说过："故天将降大任于是人也，必先苦其心志，劳其筋骨……"也正是这两次失败的经验和积累，给了他们厚积薄发的力量。2020年，新冠疫情期间，吴秋月和丈夫待在家里开始寻思，下一步该做什么。两人一边刷着抖音短视频一边想，家乡环境这么美，一家人生活其乐融融，为什么不试试拍抖音记录下来呢？起初，吴秋月其实根本没想过会有人关注自己，毕竟自己也只是当作一种消遣。但没想到的是，竟然真的有人看到了自己的视频，还收到了一些点赞和关注，尽管数量寥寥无几，但对吴秋月来说，已经是非常大的鼓励了。2020年2月，抖音一条磨豆花的短视频涨粉50万。"秋月秋月，快别干活了，赶紧来看看，你好像火了。"黄中平举着手机，兴奋地跑到田里。这一刻吴秋月才意识到，她好像真的火了。在接下的日子里，她和丈夫更有冲劲儿了，连着发了十几条抖音作品，陆陆续续收到了很多远在异乡网友的评论。"看到你发的视频，就好像回到了家一样，想念家乡的味道！""哇，看起来好美味，在外面打工真的好久没有吃到正宗的川菜了，想念！""希望可以每天都更新，看你们在田间地头挖菜、捉泥鳅。真的勾起了我儿时的记忆。""你们可不可以邮寄啊？看起来好好吃，好馋哦。"抖音界面里一个个弹出的消息，接连不断的评论和私信出现在小小的屏幕上，成千上万的粉丝飞速疯长。吴秋月和丈夫心里很是高兴，同时也觉得自己做的事情更加值得。2022年5月，泸州疫情基本平复。吴秋月上传的青菜煮腊肉的视频在抖音爆红，有粉丝"盯"上了吴秋月视频中的腊肉，想买，多次咨询。于是他们再次借款，买了十几头猪，卖腊肉。吴秋月仅通过在发布的视频中挂小黄车，不到一个月，她圈的十几头猪的腊肉在抖音全卖完了。

3. 做自己擅长的，一年带货萝卜超 4 000 万斤（1 斤＝0.5 千克）

生活终于有了起色，吴秋月和丈夫又开始"躁动"起来。随着粉丝越来越多，视频的播放量也越来越好，源源不断的商家找他们带货。有了前两次电商失败的经验，吴秋月和丈夫决定自产自销，抓住抖音直播的流量风口，开启了这次创业计划。他们在市场里兜兜转转，最终选定了高山萝卜。"泸州人对萝卜干情有独钟，但在网上没有太大的市场。不过，抓住小品类去卖，竞争小。一来可以振兴家乡，二来我们也可以赚一笔小钱。"回想起第一次直播吴秋月仍觉得激动。首次带货，播了四五个小时，就卖了一万多单萝卜。每场直播结束后，吴秋月和丈夫都会通过抖音后台来查看直播数据进行复盘。吴秋月从未想过，萝卜干会改变她的人生。每月卖出的萝卜干，可以消耗掉 10 多万斤高山萝卜，庞大的需求量迫使她扩大生产基地。随后，吴秋月决定扩大位于甘孜藏族自治州理塘县的种植基地，设立了三块"高山萝卜种植基地"，为理塘100 多户种植户提供了萝卜销路，同时也解决了泸州当地两百多人的就业问题。从种植、加工到销售，吴秋月的高山萝卜干形成了一个产业链，每年在抖音直播间卖出上千万斤的销量，切实帮助家乡农特产品走出去，销往全国各地。对此，吴秋月回答得依旧朴实，"因为我是从乡村出来的，也希望给乡村带去更多帮助。"

资料来源：腾讯网．https://new.qq.com/rain/a/20221107A05OGF00.

思考：

1. "川香秋月"通过电商达到了商业上的成功，她的商业模式有何创新之处？她如何抓住市场机会，满足消费者的需求？

2. 作为网红，"川香秋月"的言行在一定程度上会影响粉丝和社会。她如何在商业成功的同时充分履行社会责任，传递积极的价值观？

3. "川香秋月"的成功也折射出当今社会的变革和机遇。她的故事如何代表了个体在社会变革中的选择和机会？

3.1　电商直播概述

3.1.1　电商直播现状与发展趋势

随着科技的进步和互联网的普及，直播已经成为当今社会传播的重要方式。从早期的娱乐直播到如今的电商直播，这一形式已经发展成为一个日益庞大的产业。未来的电商直播将更加专业化、个性化和智能化，带来更多的商业机会和创新模式。

3.1.1.1　直播的分类

（1）秀场直播

直播最早起源于秀场直播，主要以表演、才艺和娱乐为主。秀场直播吸引了大量年轻观众，使得一批才艺出众的主播迅速积累了高度的关注度和粉丝基础。随着移动互联网的普及，秀场直播逐渐演变为一种全新的社交方式，为后续直播行业的发展奠定了基础。

（2）游戏直播

随着游戏产业的兴起，游戏直播成为直播行业的重要分支。游戏直播主要以游戏解说、实况竞技和赛事直播为主，吸引了大量游戏爱好者。游戏直播平台逐渐发展成为一个庞大的生态系统，涵盖了游戏开发、游戏赛事、游戏周边等多个领域。

（3）直播带货

直播带货是直播行业的又一次创新和拓展。随着消费者对线上购物需求的增长，直播带货逐渐成为电商行业的新趋势。直播带货通过主播的介绍、推荐和互动，为消费者提供了更加真实、生动和沉浸式的购物体验，有效提高了商品的曝光度和销售额。

3.1.1.2　中国常规的直播平台

用户可以通过拍摄和分享短视频、观看直播来进行社交互动。这些直播平台各具特色，为不同类型的观众和主播提供了广阔的发展空间。随着电商直播行业的不断创新和发展，相信未来还会有更多优质的直播平台和业态涌现出来，为消费者带来更加丰富和便捷的购物体验。表 3.1 为各大直播平台简介。

表 3.1　各大直播平台简介

平台名称	简介
抖音	抖音是一款短视频分享平台，通过 AI 技术实现个性化内容推荐。抖音直播功能逐渐成为其重要增长点
虎牙直播	虎牙直播是中国知名的游戏直播平台，提供丰富的游戏直播内容和高质量的主播资源。随着直播行业的发展，虎牙直播也逐步拓展到了直播带货领域
斗鱼直播	斗鱼直播是国内领先的游戏直播平台之一，致力于打造全民互动直播社区。除游戏直播外，斗鱼直播也涉足了直播带货市场
淘宝直播	淘宝直播作为阿里巴巴旗下的电商直播平台，专注于直播带货，为商家和消费者搭建了一个实时互动的购物场景。淘宝直播聚集了大量优秀的电商直播主播
京东直播	京东直播是京东集团旗下的电商直播平台，为用户提供商品推介、品牌活动、直播购物等多元化内容。京东直播以其优质的商品、严格的质量把关和快速的物流服务，赢得了消费者的信任和好评

3.1.2　电商直播相关要素概述

电商直播是在直播平台上进行的电子商务活动，它是一种基于"人、货、场"的商业模式（见表 3.2）。

表 3.2　"人、货、场"的要点

	人	货	场
角色	带货主播、商家、平台工作人员等	商品、服务、品牌等	直播间、电商平台、社交媒体等
要求	具备个人魅力、口才、形象气质等	品质保证、价格合理、差异化等	直播效果、用户体验、互动环节等
互动方式	聊天、问答、演示、抽奖等	商品展示、优惠券发放、限时促销等	直播场景设计、道具准备、背景布置等

表3.2(续)

	人	货	场
影响因素	带货主播的口碑、粉丝基础等	商品的质量、价格、品牌等	直播间的氛围、用户体验等
目的	提高商品销售额、推广品牌、增加粉丝等	增加销量、提高品牌知名度、提升用户黏性等	增强用户体验、提高直播间互动效果、增加粉丝等

3.1.2.1 "人"的相关概述

"人"是电商直播的核心，包括主播、观众和运营团队。主播的知名度、专业度和亲和力直接影响着直播销售的效果，观众是电商直播的消费主体，运营团队负责整个直播过程的策划、执行和分析。

（1）主播

不同类型的主播有着不同的特点和优势。常见的主播类型包括专业电商主播、明星、草根网红、行业专家等。各类型主播在直播带货过程中各有侧重，如专业电商主播擅长销售技巧和话术，明星具有较高的知名度和影响力，草根网红更接近普通消费者，行业专家则具有深厚的专业知识。

（2）观众

在电商直播中，观众是最终的消费者，了解观众需求和喜好至关重要。

①观众画像。

主播和团队需要分析观众的年龄、性别、职业、兴趣等信息，以便更准确地了解观众需求和购物喜好。通过深入了解观众画像，主播可以为观众提供更加个性化的直播内容和商品推荐。

②观众行为。

分析观众在直播间的行为数据，如观看时长、互动频率、购买转化等，有助于优化直播内容和策略。了解观众的行为习惯和喜好，可以提高直播的吸引力和观众黏性。

③观众反馈。

主播和团队应积极关注观众的意见和建议，及时调整直播内容和策略。通过收集观众反馈，可以不断优化电商直播的运营，提高观众满意度和购买转化率。

（3）运营团队

电商直播的成功离不开专业的运营团队，团队成员的职责包括选品、策划、推广、客服等。

①选品团队。

选品团队负责挑选适合直播的商品，确保商品质量和市场潜力。选品团队需要关注市场趋势、消费者需求和竞品情况，制定合适的选品策略。

②策划团队。

策划团队负责直播脚本的编写和活动策划，以提高直播的吸引力和观众参与度。策划团队应关注市场热点和观众喜好，制定有趣的直播主题和互动环节。

③推广团队。

推广团队负责直播间的宣传和推广，通过各种渠道和手段吸引观众关注和参与直播。推广团队需要熟悉各种网络营销手段，如社交媒体、广告投放、合作伙伴等，从而制定有效的推广策略。

④客服团队。

客服团队负责解答观众在直播过程中的疑问，处理售后问题，维护良好的客户关系。客服团队需要具备良好的沟通技巧和服务意识，及时回应观众需求，提高观众满意度。

⑤数据分析团队。

数据分析团队负责收集和分析直播间的数据，为优化直播内容和策略提供数据支持。数据分析团队需要掌握数据分析技能，通过数据洞察市场动态和观众行为，为团队决策提供依据。

3.1.2.2 "货"的相关概述

"货"是电商直播的关键，包括产品的选择、定价和包装。电商直播需要根据市场需求、消费者喜好和价格敏感度来选品，以提高转化率和销售业绩。

（1）商品选择

直播带货的商品选择至关重要。合适的商品应符合市场需求、消费者喜好、品质要求和利润空间等条件。选品时应关注市场热点和消费趋势，及时调整选品策略。

（2）商品展示

在直播过程中，商品的展示方式直接影响观众的购买意愿。主播应充分利用图文、视频、试用等方式，生动地展示商品的特点和优势，提高观众的购买欲望。

（3）价格策略

直播带货的价格策略对销售成果有重要影响。主播和商家应根据市场情况和竞争对手，制定合理的价格策略，通过优惠、促销、限时抢购等手段，刺激消费者购买。

（4）商品物流与售后

商品的物流和售后服务同样关乎直播带货的成功。商家需确保商品的快速配送、无损运输和良好售后体验，以维护消费者权益，提高消费者满意度和复购率。

3.1.2.3 "场"的相关概述

"场"是电商直播的载体，包括直播平台、直播间布置和活动策划。一个成功的电商直播需要为观众创造一个沉浸式的购物体验，以促进消费者的参与度和购买意愿。

（1）直播内容

直播内容是吸引观众并促进购买的关键。主播应结合市场热点、消费趋势和自身特点，创作独具吸引力的直播节目。内容形式可以包括产品介绍、试用体验、互动游戏、观众答疑等，以满足不同观众的需求。

（2）直播技术

高质量的直播画面和稳定的网络环境有助于提升观众体验。主播和平台应关注直播技术的发展，采用先进的直播设备和网络优化技术，确保直播过程中的画质、声音和互动流畅。

（3）直播氛围

直播氛围对观众的观看体验和购买意愿有着重要影响。主播应通过适当的背景音乐、装饰布置、主题设置等手段，营造轻松愉快的直播氛围。此外，主播还需积极与观众互动，回应观众问题和需求，增强观众的参与感和归属感。

（4）直播运营

直播运营涉及直播推广、数据分析、效果评估等方面。主播和平台应根据直播数据（如观看人数、点赞数、转化率等）进行实时监控和优化，以提高直播效果。同时，通过与其他平台、媒体和合作伙伴开展合作推广，拓展直播的观众基础。

3.1.3 电商直播相关政策法规

3.1.3.1 相关法律法规

随着电商直播行业的快速发展，中国政府对此颁布了一系列法律法规政策，以规范市场秩序和保护消费者权益。这些法规政策主要涉及以下方面：

（1）广告法规

电商直播需要遵循广告法规，禁止虚假宣传、误导消费者、侵犯他人权益等行为。同时，直播广告需要注明"广告"字样，并确保广告内容的真实性、合法性和科学性。

（2）知识产权保护

电商直播应尊重知识产权，禁止销售侵权商品和盗版产品。主播在直播过程中，应遵循著作权、商标权和专利权等知识产权法规，避免涉及侵权行为。

（3）网络安全与隐私保护

电商直播需要保障网络安全和用户隐私，遵循相关法规，如网络安全法、个人信息保护法等。直播平台应采取措施，保护用户信息的安全和隐私，防止数据泄露和滥用。

（4）消费者权益保护

电商直播应尊重消费者权益，遵循消费者权益保护法等相关法规。在直播过程中，应确保产品质量、售后服务和退换货政策等方面的合规性，保障消费者的合法权益。

（5）行业自律与行业标准

电商直播行业应加强自律，树立行业标杆，促进行业健康发展。业内相关协会和机构已经制定了一系列行业标准和规范，包括主播职业道德规范、直播营销行为规范和直播平台管理规范等。各参与主体应遵循这些行业规范，共同维护市场秩序和行业形象。

3.1.3.2 我国互联网政策法规一览[①]

自 2000 年以来，中国政府针对直播和互联网行业颁布的主要法律法规如下：

（1）《互联网信息服务管理办法》（2000 年）

这是中国政府第一次对互联网信息服务进行系统性规范。《互联网信息服务管理办法》明确了互联网信息服务的分类，规定了互联网信息服务提供者的资质要求、审批程序、信息发布管理等方面的要求。

（2）《互联网新闻信息服务管理规定》（2006 年）

此规定对互联网新闻信息服务进行了详细规定，包括许可范围、主体资质、信息发布管理等方面。其中，对涉及传播新闻信息的直播平台提出了一定的要求。

---

① 刘东风，王红梅. 直播销售与直播素养［M］. 北京：人民邮电出版社，2022.

（3）《互联网直播服务管理规定》（2012 年）

这是中国政府首次针对互联网直播服务进行的专门规定。《互联网直播服务管理规定》对直播服务的提供者和用户的权责进行了明确，并对直播内容、平台管理、用户注册等方面提出了具体要求。

（4）《互联网直播服务管理暂行规定》（2016 年）

这是对 2012 年版的《互联网直播服务管理规定》进行的修订，更加强调直播平台的审查责任，明确了涉及内容、广告、用户信息等方面的管理要求。

（5）《网络表演经营活动管理办法》（2017 年）

这是中国政府针对网络表演（包括直播表演）颁布的专门法规。《网络表演经营活动管理办法》对网络表演经营活动的许可范围、审批程序、内容管理等方面作了详细规定。

（6）《互联网用户公众账号信息服务管理规定》（2018 年）

此规定针对公众账号（包括直播平台）提供的信息服务进行了规范，明确了公众账号提供者的申请条件、内容管理、用户权益保护等方面的要求。这对直播平台的账号管理和用户信息保护具有指导意义。

（7）《互联网直播营销活动管理规定》（2019 年）

此规定针对电商直播领域，对广告、销售行为、商品质量等方面进行了规定，要求电商直播平台、主播和商家承担相应的法律责任。

（8）《直播带货管理规定》（2020 年）

此规定对直播带货行为作出了更为具体的规定，包括主播资质要求、商品来源审查、价格诚信原则等方面。此规定旨在规范直播带货市场秩序，保障消费者权益。

（9）《非法出版活动举报奖励办法》（2020 年）

此办法对非法出版活动的举报和奖励进行了规定，明确了非法出版活动的范围和举报程序。直播行业中涉及出版物销售的相关活动需要关注此规定，确保合法合规。

（10）《关于加强网络表演管理的通知》（2020 年）

此通知要求加强对网络表演（包括直播表演）的内容审查和监管，防止传播低俗、暴力、色情等不良信息。直播平台和主播需要关注此通知，确保直播内容的健康与正向。

（11）《关于依法打击直播平台非法违法行为的通知》（2020 年）

此通知明确了打击直播平台非法违法行为的要求，包括加强对涉黄、涉赌、涉暴力等违法犯罪行为的查处。直播平台需要严格遵守相关规定，加强自律和监管。

（12）《广播电视和网络视听节目主持人、主播行为规范》（2021 年）

此规范强调主播要遵守法律法规，传播正能量，不传播不良信息，不炒作个人私生活，不参与虚假宣传等。

（13）《关于严格规范电商直播市场经营秩序的通知》（2021 年）

此通知要求加强对电商直播市场的监管，严厉打击违法违规行为。此通知涉及多个方面，包括商品质量、广告宣传、售后服务、主播资质等，要求直播平台、主播和商家严格遵守相关规定。

（14）《关于加强电商直播行业诚信建设的指导意见》（2021 年）

此指导意见旨在提升电商直播行业的诚信水平，规范市场秩序。此指导意见提出了一系列措施，如建立诚信档案、实施信用评价、加强诚信监督等，以促进电商直播行业的健康发展。

（15）《网络主播行为规范》（2022 年）

中国文化和旅游部发布的《网络主播行为规范》旨在规范网络主播的行为，提高直播内容质量，促进直播行业的健康发展。这一规范适用于从事网络直播、短视频等活动的主播。

3.2 直播策划与脚本设计

3.2.1 直播策划要点

3.2.1.1 明确活动策划

直播活动策划的关键在于明确直播定位、目标定位、用户定位以及风格定位。

（1）明确直播定位

明确直播的定位将决定活动的主题、内容和风格，以确定直播的目的是宣传新产品、分享专业知识、提供娱乐还是其他目标。

（2）目标定位

在策划阶段，要明确活动的目标，如增加品牌知名度、提高销售额、增加粉丝互动等。确保活动的定位与目标相符，从而指导策略和内容的制定。

（3）用户定位

深入了解目标受众非常重要。根据产品、品牌和活动定位，确定所要吸引的用户群体，包括年龄、性别、地域、兴趣爱好等。

（4）风格定位

直播的风格定位决定了活动在观众心中的印象，因此要选择适合品牌和目标受众的风格，如激情洋溢的、幽默风趣的、专业严肃的等。

3.2.1.2 明确直播活动基本信息

直播活动策划需要清晰地明确直播定位、目标定位、用户定位以及风格定位。这将有助于传达明确的信息，吸引适合的受众，从而实现活动目标并创造成功的直播体验。

明确直播活动的基本信息对于活动的顺利进行至关重要。以下是关于明确直播活动基本信息的内容，包括主题、直播平台、直播时间与时长、直播活动人员配置以及直播互动方式。

（1）主题

①直播目标：明确直播活动的目标，如提高品牌知名度、增加销售额、分享专业知识等。

②主推商品：选择重点推广的商品或服务，确保与活动目标相符。

③用户兴趣点：了解目标受众的兴趣和需求，确保内容吸引他们。

④当下热点：考虑将当前热门话题或趋势融入活动，增加关注度和互动性。

（2）直播平台

选择适合目标受众的直播平台，如抖音、快手、淘宝直播等，确保接触到目标用户。

（3）直播时间与时长

①直播时间：根据目标受众的活跃时间，选择合适的直播时间段。

②直播时长：根据活动内容和观众互动情况，确定预计时长，通常在 30~120 分钟之间。

（4）直播活动人员配置

根据活动需要，配置合适的人员，包括：

①直播主播：是活动的核心角色，负责主持直播、介绍产品、提供信息、与观众互动等。主播的表现直接影响着活动的吸引力和效果。

②副播/嘉宾主播：其可以增加活动的变化和趣味性。他们可以分享不同的观点、经验，或者与主播一同进行互动，增加活动的趣味性和互动性。

③编导：负责活动的整体策划和导演，协调活动流程，确保活动的节奏和内容有条不紊。

④运营人员：负责在直播过程中与观众互动，回答问题，解决问题，保持互动活跃，增强观众的参与感。

⑤选品人员：负责筛选和准备要推广的商品，确保商品的质量、特点和目标受众的需求相符。

⑥场控：负责活动现场的组织和协调，包括直播环境布置、灯光音效等，保证活动的视觉和听觉效果。

⑦投手：活动中的销售人员，负责在直播中引导观众下单购买，提供优惠信息，创造销售机会。

⑧客服：负责在直播过程中回答观众的咨询和问题，提供支持和解答，保证消费者获得良好的购物体验。

通过合理配置不同的人员，可以实现直播活动各个环节的协同合作，从而确保活动的顺利开展，提升观众体验，达到活动的预期目标。每个角色在直播活动中都扮演着重要的角色，共同构建一个成功的直播体验。

（5）直播互动方式

①弹幕互动：观众发送弹幕，提问、表达观点，主播即时回应。

②礼物打赏：观众送礼物表达支持，增加互动乐趣。

③投票互动：在关键环节设置投票，让观众参与决策。

④问答环节：设立问答时间，观众提出问题，主播解答。

3.2.2 设计直播商品营销方式

设计直播商品营销方式涉及商品矩阵、商品价格体系以及商品排列方式的制定，以确保直播活动能够有效地吸引观众、提升销售和达到预期目标。

3.2.2.1 商品矩阵

商品矩阵是指在直播活动中推广的不同种类和类型的商品。在设计商品矩阵时，可以考虑以下方面：

（1）商品分类：将商品进行不同的分类，如服装、美妆、家居等，以便在直播中有组织地展示。

（2）核心产品：选择一到两款核心产品，作为直播的焦点推广对象，这些产品应该是吸引力较高且有较大销售潜力的。

（3）搭配产品：选择一些与核心产品相配套的附加产品，鼓励观众进行搭配购买，增加销售额。

（4）新品/热卖：如果有新品或热卖产品，可以在直播中进行特别推广，吸引观众的兴趣。

3.2.2.2 商品价格体系

商品价格体系是指在直播活动中如何定价商品以及提供优惠。设计价格体系时需要考虑以下方面：

（1）定价策略：根据商品成本、市场需求和竞争情况，确定合适的价格范围。

（2）折扣和优惠：在直播中提供一些独家的折扣和优惠，激发观众的购买欲望。

（3）限时特价：设定一些限时特价商品，促使观众在直播期间做出购买决策。

3.2.2.3 商品排列方式

商品排列方式决定了直播中商品的展示顺序，这影响着观众的注意力和购买决策。设计商品排列方式时可以考虑以下方面：

（1）核心产品先展示：核心产品应首先展示，以引起观众兴趣，提升关注度。

（2）巧妙搭配：将搭配产品与核心产品相邻展示，鼓励观众同时购买多个商品。

（3）价格递增：将价格较低的商品放在前面，逐渐过渡到价格较高的商品，使观众产生购买欲望。

（4）特价亮点：在整体排列中设置明显的特价商品亮点，吸引观众关注。

通过设计合适的商品矩阵、价格体系和排列方式，可以在直播活动中更好地展示商品，吸引观众的注意力，提升销售效果，并创造出更具吸引力的购物体验。

3.2.3 直播脚本设计

在电商直播中，脚本策划是确保直播内容有序、有效地展示给观众的关键环节。一个好的脚本可以引导主播沉浸式地展示商品、互动观众，从而提高直播的观看率和转化率。直播脚本设计表见表3.3。

表3.3　直播脚本设计表

直播主题								
直播时间								
开始时间	模块	时长	商品	优惠信息	话术	声画说明	负责人	备注

3.2.3.1 直播脚本设计流程

直播脚本设计流程见图 3.1。

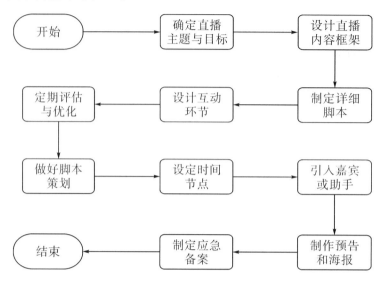

图 3.1 直播脚本设计流程

直播脚本是直播活动的灵魂，需要根据主播的个性、产品特点和活动主题来设计。一个好的直播脚本应该具备生动有趣、简洁明了、互动性强和导购能力突出等特点。

（1）确定直播主题与目标

在策划直播脚本前，首先要明确直播的主题和目标。主题应具有吸引力和针对性，以满足不同观众群体的需求。目标则包括观众规模、互动情况、销售额等方面的预期，这有助于在策划过程中保持清晰的方向。

（2）设计直播内容框架

设计直播内容框架有助于保证直播过程的条理性和连贯性。常见的直播内容框架包括开场欢迎、商品介绍、试用体验、互动环节、促销活动和结尾告别等。根据直播主题和目标，可以灵活调整内容框架，创造独特的直播节目。

（3）制定详细脚本

在框架的基础上，为每个环节制定详细的脚本。脚本应包含主播的话术、行为、表情等方面的指引，以及可能涉及的观众问题和处理方法。详细脚本可以使主播在直播过程中更加自信、专业，提高直播效果。

（4）设计互动环节

互动环节是直播中不可或缺的一部分，可以提高观众的参与度和购买意愿。在脚本中，应设计吸引人的互动环节，如观众提问、抽奖活动、投票游戏等。此外，主播还需学会灵活应对观众的提问和建议，增强直播的实时互动性。

（5）定期评估与优化

直播结束后，主播和团队应对脚本进行评估和总结，分析直播过程中的优缺点，针对观众反馈和数据表现进行优化。通过定期评估与优化，不断提高直播脚本的质量和效果。

（6）做好脚本策划

脚本策划在电商直播中占据着举足轻重的地位。一个优秀的脚本能够为直播带来更高的观看率和转化率，从而提升直播业绩。通过脚本策划，可以帮助主播和团队更加深入地了解直播脚本策划的重要性和方法，为电商直播的成功奠定基础。

（7）设定时间节点

为了确保直播节目的紧凑性，可以在脚本中设置时间节点，规定每个环节的持续时间。这有助于主播在直播过程中掌握节奏，避免拖沓或过于仓促。同时，合理的时间节点设置还能确保观众在有限的时间内获得充分的信息和互动体验。

（8）引入嘉宾或助手

在某些情况下，可以考虑邀请嘉宾或助手参与直播，丰富直播内容和形式。嘉宾可以是行业专家、明星或其他主播，他们可以为直播节目带来新的观点和话题。助手则可以在直播过程中为主播提供支持，如协助处理观众问题、展示商品等。

（9）制作预告和海报

为了吸引更多观众参与直播，可以提前制作直播预告和海报，通过各种渠道进行宣传。预告和海报应包含直播的主题、时间、亮点等信息，吸引潜在观众关注和收看。同时，主播和团队还可以利用社交媒体、朋友圈等平台进行推广，扩大直播的影响力。

（10）制定应急预案

直播过程中可能会出现各种突发情况，如网络故障、设备故障、主播生病等。在策划脚本时，应考虑到这些可能的问题，并制定应急预案。例如，为直播备用网络和设备、提前录制一些视频片段以备不时之需等。通过制定应急预案，可以降低直播中出现问题的风险，保证直播的顺利进行。

3.2.3.2　整场直播脚本与单品直播脚本

（1）整场直播脚本

整场直播脚本主要关注整个直播节目的策划，包括直播节目的整体结构、内容设置、互动环节、时间安排等。以下是整场直播脚本的关键要素：

①整体结构：设计整场直播的整体结构，确保直播内容有条理和连贯性。常见的节目整体结构包括开场、商品介绍、互动环节、促销活动和结尾等。根据直播主题和目标，灵活调整节目整体结构，以创造独特的直播节目。

②内容设置：在整场直播脚本中，应设置各种内容元素，如产品介绍、试用体验、互动游戏等。内容设置应结合市场热点、消费趋势和主播特点，提高直播的吸引力和观看率。

③互动环节：设计吸引人的互动环节，提高观众的参与度和购买意愿。互动环节可以包括观众提问、抽奖活动、投票游戏等。此外，主播还需灵活应对观众的提问和建议，增强直播的实时互动性。

④时间安排：合理安排直播节目的时间节点，保证节目的紧凑性。设置每个环节的持续时间，避免拖沓或过于仓促。同时，合理的时间安排有助于主播在直播过程中掌握节奏，确保观众在有限的时间内获得充分的信息和互动体验。

（2）单品直播脚本

单品直播脚本主要关注某一特定商品的展示和推广，以最大化商品的销售效果。

以下是单品直播脚本的关键要素：

①商品介绍：详细介绍商品的特点、优势和适用场景，帮助观众了解商品的价值。主播应掌握商品的专业知识，用通俗易懂的语言进行解释，提高观众的购买意愿。

②试用体验：主播通过亲身试用商品，向观众展示商品的实际效果和使用感受。试用体验可以增强观众对商品的信任度，促使他们下单购买。在单品直播脚本中，主播应准备充分的试用环节，确保观众能够全面了解商品的性能和品质。

③解决疑问：针对观众可能提出的问题和疑虑，主播应在单品直播脚本中准备相应的解答。这有助于消除观众的顾虑，提高购买意愿。同时，主播还应随时关注观众的实时反馈，灵活解答现场提问。

④促销策略：在单品直播脚本中，主播可设置各种促销策略，如限时折扣、满减活动、赠品等，以激发观众的购买欲望。主播应在直播过程中巧妙地穿插促销信息，提醒观众抓住优惠机会。

⑤故事营销：通过讲述与商品相关的故事，增加商品的情感价值，引发观众的共鸣。故事可以是商品背后的设计理念、生产过程、成功案例等。主播应在单品直播脚本中设置故事环节，让观众更加了解商品的内涵和价值。

3.3　直播选品与运营

直播选品是电商直播的关键环节。选品时应考虑市场需求、消费者喜好、产品品质和利润空间等因素。同时，还应关注热门趋势和行业动态，以挖掘有潜力的新品和爆款。分析复盘数据是直播运营的重要环节，通过对直播数据的分析，可以了解直播的优劣势和改进方向。其主要分析指标包括：观众数量、观看时长、互动次数、转化率和销售额等。通过对这些数据的深入挖掘，可以不断优化直播内容和策略，提高直播效果。

3.3.1　直播商品的渠道来源

直播商品的渠道来源可以分为两个方面：以商品为目标的品牌商家和以个人直播间为基础的选品方式。

3.3.1.1　以商品为目标的品牌商家

（1）官方网站/电商平台

品牌商家可以直接从自有品牌库选择商品，并通过自己的官方网站或电商平台进行直播销售。这种方式有助于提升品牌形象和直接与消费者互动。

（2）线下门店

如果品牌商家有实体门店，可以在直播中展示线下门店的商品，并引导观众前往门店购买，实现线上线下融合销售。

（3）合作供应商

与合作供应商建立合作关系，从其提供的商品中进行选择。其是品牌商家的供应链合作伙伴，为直播提供稳定的货源。

（4）社交媒体广告

通过社交媒体广告吸引潜在客户，引导他们前往品牌商家的直播间，进行商品展示和销售。

3.3.1.2　以个人直播间为基础的选品方式

（1）生产厂家

在直播商品渠道策略中，生产厂家扮演着至关重要的合作伙伴角色。无论其知名度如何，合作生产厂家都能为品牌商家带来独特的机遇与优势。品牌商家与生产厂家的合作形式多种多样，如战略合作，双方共同制订长期合作计划，以提升品牌价值；定制化生产，根据品牌商家需求定制独特商品，为消费者带来独特体验；跨界合作，将不同领域创意融合，推出创新的直播商品，以吸引更多观众的关注。与知名度高的生产厂家合作，品牌商家可以借助其品牌影响力，在直播中突出合作伙伴的价值，加强合作关系，从而提升品牌推广效果。与知名度较低的生产厂家合作，有助于发掘潜在的优质商品和新兴品牌，并共同成长。此外，合作主播与大品牌商可以融合双方的优势，实现强强联合，如借助主播的影响力和大品牌商的知名度，吸引更广泛的观众；通过推出限时折扣或独家商品，刺激观众的购买欲望。总之，生产厂家作为直播商品渠道的合作伙伴，应在强强联合中共同创造价值，实现共赢。

（2）货源批发网站①

货源批发网站通常汇集了大量的供应商，提供了丰富的选品。货源批发网站在直播商品策略中扮演着关键角色，为品牌商家提供了方便的途径来寻找适合的供应商和商品。这些网站为商家提供了丰富的商品资源，涵盖了从日用品到电子产品、服装饰品等各个领域的产品。通过在线平台，品牌商家得以轻松浏览和比较商品，从而获得具有竞争力的采购价格，同时加快了采购流程。

图 3.2　1688 网站

1688 网站（见图 3.2）作为阿里巴巴旗下的 B2B 批发市场，专注于中国本土市场。该网站汇集了大量供应商，包括从大型工厂到小型批发商，为商家提供各类商品选择。

---

① 南志光，郭明. 直播运营实战技能［M］北京：人民邮电出版社，2023.

在 1688 网站上，涵盖了满足不同需求的商品，从低价到高价，甚至还有现货供应的选项。因此，品牌商家可以充分利用货源批发网站，明确自身需求，筛选合适的供应商，积极展开沟通和洽谈，从而最终实现高质量、有竞争力价格的商品采购。这将有助于品牌商家为直播商品提供稳定可靠的货源，同时为策略的成功实施提供有力支持。

货源批发网站在直播商品策略中扮演着至关重要的角色，为品牌商家提供了便捷的途径来寻找适合的供应商和商品。

除了 1688 网站，还有许多其他类型的货源批发网站，它们涵盖了跨境、综合、服装、美妆等领域，为品牌商家提供了多样化的选择。

综合类货源批发网站如"义乌购"（如图 3.3 所示），提供了来自各个领域的大量商品资源，以满足不同需求的品牌商家。

图 3.3　义乌购

对于服装领域，"搜款网"（见图 3.4）为品牌商家提供了丰富的服装款式，从时尚潮流到经典款式，以满足不同消费者的需求。而针对美妆行业，"娜拉美妆"提供了多种美妆产品，为品牌商家提供了丰富的选择，以满足不同消费者对美妆产品的需求。

图 3.4　搜款网

在选择不同类型的货源批发网站时，品牌商家可以根据自身业务需求进行选择。跨境类网站可以帮助品牌拓展海外市场，综合类网站提供多样商品资源，服装和美妆类网站则专注于特定领域的商品。

货源批发网站的多样性为品牌商家提供了丰富的选择，品牌商家可根据自身需求选择合适的网站，这有助于找到高质量、具有竞争力价格的商品，为直播商品提供稳定可靠的货源，从而实现成功的直播商品策略。

（3）营销联盟

营销联盟在直播商品渠道中扮演着关键角色，为品牌商家提供了与大型电商平台合作的机会，通过联合营销和推广，实现更大范围的曝光和销售机会。因此，加入营销联盟，与其他品牌商家合作，共同推广商品，有助于扩大观众群体和增加曝光度。以下是关于营销联盟的信息，包括淘宝联盟、京东联盟。

淘宝联盟是阿里巴巴旗下的一个营销联盟平台，为品牌商家提供了与淘宝平台合作的机会（见图3.5）。通过淘宝联盟，品牌商家可以与淘宝卖家进行合作，将自己的商品推广到淘宝平台上，借助淘宝的巨大用户基础和强大的流量，实现更大的曝光和销售机会。淘宝联盟还提供了丰富的推广工具和数据分析功能，帮助品牌商家优化推广效果，增加点击率和转化率。

淘宝联盟作为阿里巴巴集团的一个子平台，为品牌商家提供了强大的推广和合作机会，分为淘宝联盟商家中心和淘宝联盟生态伙伴两个重要板块，共同构建了一个全面的合作生态系统。

图 3.5　淘宝联盟

淘宝联盟商家中心是品牌商家的入口，它提供了一系列强大的工具和资源，帮助商家在淘宝平台上实现更精准的推广和更高效的合作。商家可以在商家中心设置自己的推广计划，包括选择推广的商品、推广位、推广时段等。这让商家能够根据需求进行个性化的推广策略制定。商家中心提供了实时的推广数据分析，让商家能够了解广告效果，实时优化投放策略，提升推广效果和转化率。商家通过推广获得的佣金可以在商家中心进行结算和支付，从而确保合作的透明性和公平性。

淘宝联盟生态伙伴系统是一个多元化的合作伙伴网络，涵盖了博主、KOL、媒体、内容创作者等多种角色，使之成为淘宝客，为品牌商家提供更广泛的推广渠道和受众群体。淘宝联盟生态伙伴可以通过不同的内容形式，如文章、视频、图片等，将品牌商家的产品和故事传播给它们的粉丝和受众。此外，淘宝联盟生态伙伴在社交媒体平台上的影响力可以帮助品牌商家快速触达更多潜在客户，增加品牌曝光度。另外，通过与淘宝联盟生态伙伴进行合作，品牌商家可以在不同的营销活动、主题推广中得到更多支持，从而实现更广泛的宣传。

综合来看，淘宝联盟以其商家中心和生态伙伴系统，为品牌商家打造了一个全面的合作平台。商家通过商家中心可以实现精准推广的设定、数据分析和佣金结算等，使推广变得更加智能和可控。同时，与生态伙伴的合作让品牌商家能够借助它们的影响力和媒体资源，实现更广泛的宣传，从而在直播商品渠道中获得更大的成功。

京东联盟京东商城的联合营销平台，如图 3.6 所示，品牌商家可以通过京东联盟与京东卖家合作，将自己的商品推广到京东平台上。京东联盟提供了多种推广方式，如搜索推广、站外推广等，帮助品牌商家实现广告投放和流量引导。京东联盟还提供了详细的数据报表和分析功能，帮助品牌商家了解推广效果，进行数据驱动的优化。

打造电商流量联盟生态标杆 开放共赢赋能营销生态

整合京东全流量资源 高效精准扶持推广
推广矩阵+京东技术 创造多元化的流量价值体系

图 3.6 京东联盟

营销联盟如淘宝联盟、京东联盟等，为品牌商家提供了与大型电商平台合作的机会，借助其庞大的用户基础和流量，实现更大范围的曝光和销售机会。通过联合营销和精准推广，品牌商家可以在直播商品渠道中获得更好的业绩。

无论选择哪种方式，都需要根据品牌商家的定位、目标受众和商业模式来进行策略规划。同时，与供应商建立良好的合作关系，保证商品质量和稳定的货源，是成功进行直播商品销售的关键因素之一。

3.3.2　直播选品策略

选品策略包括选品依据、要点分析和商品来源，以确保挑选出具有市场潜力的商品。在制定选品策略时，我们还可以考虑以下方面：

（1）市场调研

在选品前，主播和团队应对市场进行深入调研，了解消费者需求、行业趋势和竞品情况。通过对市场的全面了解，可以确保选品更符合市场需求，提高直播的吸引力。

（2）品类拓展

主播和团队可以根据直播间的定位和观众喜好，拓展不同的品类，如服装、美妆、家居等。多元化的品类可以满足不同观众的需求，增加直播间的吸引力。

（3）跨季选品

主播和团队应关注季节性商品的销售节奏，及时调整选品策略。在季节交替时，可以提前选品，为下一季节做好准备。同时，也可以抓住季末促销机会，带动库存商品的销售。

（4）独家定制

与品牌和供应商合作，推出独家定制商品，可以增加直播间的独特性和竞争力。独家定制商品可以是特定设计、限量版或特殊功能等，以满足观众对个性化商品的需求。

（5）选品数据支持

通过分析历史直播数据、电商平台销售数据和竞品数据，为选品提供数据支持。数据分析可以帮助主播和团队更准确地预测商品的市场表现，优化选品策略。

（6）主题策划

根据节日、季节、热点话题等，策划主题直播活动，选品时应围绕主题进行。主题选品可以提高直播的趣味性和观众参与度，促进商品销售。

3.3.3　直播选品依据

在挑选商品时，主播和团队应关注市场需求、产品特点、品牌口碑、利润空间和供应链稳定性。结合这些因素，筛选出具有高销售潜力和竞争力的商品。

（1）要点分析

分析商品的优缺点，以及适用人群和场景。了解商品在市场上的定位和竞争格局，判断其在直播中的表现和受欢迎程度。

（2）商品来源

商品来源包括品牌方、供应商、电商平台等。合作伙伴的选择应以信誉、品质和售后服务为重要依据。同时，确保供应链稳定性，防止直播过程中出现断货等问题。

（3）商品结构规划

商品结构规划包括印象款、引流款、活动款和利润款，以实现直播商品的多样化和均衡。表 3.4 为直播商品的选品清单制作。

表 3.4　直播选品制作清单

商品分类	商品名称	直播间定价	优惠说明	库存数量	上架数量	上架渠道	负责人
印象款							
引流款							
活动款							
利润款							

①印象款。

印象款商品具有较高的品牌知名度和独特性，可以帮助主播塑造形象，吸引观众关注。印象款商品的选择应注重品牌和设计，突出直播间的个性和风格。

②引流款。

引流款商品具有较高的性价比和市场需求，主要用于吸引观众进入直播间。引流款商品的选择应关注市场热点和消费者需求，以满足不同观众的购物需求。

③活动款。

活动款商品主要用于举办各类促销活动，提高直播的活跃度和观众参与度。活动款商品的选择应具有一定的促销潜力，适合通过折扣、满减等方式进行推广。

④利润款。

利润款商品具有较高的利润空间，为电商直播带来更多收益。利润款商品的选择应关注商品的成本和售价，确保在保持竞争力的同时实现良好的利润回报。

（4）商品定价策略

商品定价策略是电商直播的重要组成部分，包括尾数定价、组合定价和阶梯定价等。合理的定价策略有助于提高商品销量和观众购买意愿。

①尾数定价。

尾数定价是一种心理定价策略，通过设置特定的价格尾数（如 99 元、88 元等），给消费者一种更低价格的错觉。尾数定价策略在电商直播中常用于促销活动和引流商品，以激发观众的购买冲动。

②组合定价。

组合定价是将多个商品打包销售，以整体价格低于单品价格的方式吸引消费者购买。组合定价策略适用于相关性强、互补性高的商品，有助于提高直播中的客单价和销售额。

③阶梯定价。

阶梯定价是根据消费者购买数量或金额的不同，提供不同折扣或优惠的定价策略。阶梯定价策略可以刺激消费者增加购买量，从而提高直播间的整体销售业绩。

3.4 直播运营

3.4.1 直播团队搭建

（1）主播

主播负责直播过程中的表现和与观众互动，具备良好的表达能力、亲和力和专业知识。根据直播内容，可以选择知识型、娱乐型或实力型主播。主播需要接受专业培训，熟悉直播产品和市场趋势，以便更好地吸引观众。

（2）运营团队

①策划人员：负责直播项目的策划和执行，包括选品、活动策划和营销策略等。策划人员需要对市场和行业有深入了解，以便为直播项目制定合适的策略。

②选品人员：负责挑选直播产品，根据市场需求和观众喜好，筛选出具有吸引力的商品。选品人员需要熟悉商品品质、价格和供应链，以便选出最佳产品。

③技术支持：负责直播过程中的技术保障，包括直播设备、网络、软件等。技术支持需要具备专业技能，以确保直播过程中的技术稳定。

（3）摄像及美工团队

①摄像师：负责直播现场的拍摄和画面呈现，确保直播画质清晰、稳定。摄像师需要具备专业摄影技能和对直播节目的理解。

②美工：负责直播现场的布景、道具、字幕等视觉效果。美工需要具备良好的审美能力和设计技巧，以便为直播创造吸引力的视觉效果。

（4）社群运营

①社群管理员：负责维护直播间的秩序，与观众互动，处理观众提问和需求。社群管理员需要具备良好的沟通能力和应变能力，以便维护直播间的和谐氛围。

②客服人员：负责直播过程中的售后服务，解答观众关于商品、物流、售后等方面的问题。客服人员需要熟悉商品信息和公司政策，具备耐心和细心。

3.4.2 主播人设定位

（1）确定主播定位

①根据直播内容和风格，为主播设定一个合适的角色定位，如潮流达人、生活美学家、行业专家等。

②分析目标观众，确保主播的形象和个人特质能吸引和留住这类观众。

（2）打造独特风格

①主播的言行举止要具有个性和特色，避免模仿他人或过于平庸。

②通过独特的穿着、发型、妆容等外在形象，塑造出与众不同的风格。

③营造独特的直播氛围，如特定的背景音乐、直播间布置等。

（3）塑造亲和力与信任感

①与观众互动，展示真实、平易近人的一面，让观众感受到主播的亲和力。

②主播在直播过程中要展现专业知识和诚信度，提高观众对主播的信任感。

③创造有趣的互动环节，拉近与观众的距离。

（4）培养粉丝群体

①在社交平台上与粉丝互动，及时回应粉丝的留言和问题，建立良好的粉丝关系。

②定期举办粉丝活动，如送福利、线下见面会等，增加粉丝的黏性。

③借助粉丝口碑，扩大主播的影响力。

（5）持续提升专业能力

①主播要不断学习，提高自己在行业领域的专业知识。

②研究直播技巧，如表达、节奏掌控、情感传达等，提高直播水平。

③关注行业动态和市场变化，及时调整自身风格和内容，保持竞争力。

3.4.3 直播互动技巧

（1）开场互动

①打招呼：以热情、亲切的方式向观众问候，营造轻松的直播氛围。

②自我介绍：简要介绍自己，包括姓名、职业背景、特长等，增加观众的好感度。

③话题引导：通过提问、分享等方式引导观众参与讨论，激发观众的兴趣。

（2）商品介绍互动

①亮点展示：重点介绍商品的优势、特点和亮点，吸引观众关注。

②试用体验：通过亲身试用，让观众了解商品的实际效果和使用感受。

③观众提问：鼓励观众提出关于商品的问题，主播进行解答，提高观众的购买信心。

（3）互动游戏环节

①小游戏：设置有趣的小游戏，如答题、猜谜等，增加直播的趣味性。

②抽奖活动：通过抽奖形式送出礼品或优惠券，激励观众参与互动。

③观众投票：让观众参与投票，如选择商品、提建议等，拉近与观众的距离。

（4）促销活动互动

①限时优惠：设置限时折扣、优惠券等促销活动，刺激观众购买欲望。

②满减活动：推出满减、买赠等优惠活动，鼓励观众购买更多商品。

③团购互动：组织团购活动，邀请观众邀请好友一起购买，拓展销售渠道。

（5）结束互动

①总结回顾：简要回顾直播的内容和重点，巩固观众的印象。

②问候离场：感谢观众的参与，表示期待下次相聚，并邀请观众关注、分享直播。

③信息告知：提醒观众关注后续活动，如优惠券使用、物流信息等。

3.4.4 直播数据复盘分析

（1）观众数据分析

①观看人数：统计直播观看的总人数，分析直播的吸引力和覆盖范围。

②观看时长：分析观众在直播间停留的平均时间，评估直播内容的吸引力和观众黏性。

③新老观众比例：了解直播间观众来源，分析直播的观众发展潜力。

④地域分布：分析直播观众的地理位置，为后续营销活动提供有针对性的建议。

（2）转化数据分析

①商品点击量：统计直播间商品的点击次数，评估商品在直播中的表现。

②购买量：统计直播间商品的购买数量，分析直播的带货效果。

③转化率：计算直播间商品的购买率，评估直播的销售效果。

④成交额：统计直播间的总销售额，衡量直播的经济效益。

（3）互动数据分析

①评论数量：统计观众在直播过程中的评论次数，了解观众对直播内容的参与度。

②提问次数：分析观众在直播中的提问数量，评估直播的互动效果。

③点赞数：统计直播间的点赞数量，衡量观众对直播内容的喜好程度。

④分享数：分析观众在直播过程中的分享次数，衡量直播的传播效果。

（4）数据对比与优化

①同类直播对比：对比不同直播场次的数据，找出优劣势和改进方向。

②行业数据对比：分析行业内其他主播的直播数据，评估自身的竞争地位。

③数据趋势分析：观察直播数据的变化趋势，及时调整直播策略和内容。

④数据驱动优化：根据数据分析结果，优化直播内容、策略和团队协作，提高直播效果。

3.4.5 直播数据平台

3.4.5.1 蝉妈妈

蝉妈妈是一家专业的直播数据分析平台（如图3.7），旨在帮助企业、自媒体和个人主播通过数据复盘，优化直播策略，提升直播效果和转化率。该平台集成了数据收集、整理、分析和可视化功能，为用户提供了全面的数据支持，帮助他们深入了解观众行为、互动效果和销售情况。

（1）主要功能

①数据收集与整理：蝉妈妈能够从多个直播平台抓取丰富的直播数据，包括观众互动、商品点击率、销售额等。这些数据会经过整理、清洗，以便用户更好地进行分析。

②数据可视化分析：平台提供丰富的数据可视化工具，将抓取的数据转化为图表、报表，帮助用户一目了然地了解直播的各项指标，如观众数量变化、商品销售趋势等。

③观众互动分析：蝉妈妈能够分析观众的互动行为，包括点赞、评论、分享等。通过深入分析，用户可以了解哪些内容受到观众欢迎，哪些环节需要改进。

④销售数据追踪：平台能够追踪直播中商品的点击量、转化率和销售额等数据，帮助用户了解商品的表现，调整直播中的销售策略。

⑤策略优化建议：基于数据分析，蝉妈妈能够为用户提供针对性的策略优化建议，帮助用户改进直播内容、互动方式、商品推广等，从而提高转化效果。

图 3.7 蝉妈妈

（2）应用领域

蝉妈妈广泛应用于企业直播、自媒体运营、品牌推广等领域。无论是进行商品销售还是传播品牌价值观，通过数据分析，用户能够更精准地调整策略，提高业绩和影响力。

（3）平台优势

①综合数据支持：蝉妈妈提供全面的数据支持，从观众互动到商品销售，帮助用户全面了解直播情况。

②数据可视化：平台将数据转化为可视化的图表和报表，让用户可以一目了然地掌握数据情况。

③策略优化建议：基于数据分析，蝉妈妈能够提供有针对性的策略优化建议，帮助用户不断改进直播策略。

蝉妈妈作为专业的直播数据复盘平台，为直播者提供了有力的数据支持，帮助他们更好地了解观众需求，优化直播内容和销售策略，实现更高的商业价值。

（4）平台特点

①多平台支持：蝉妈妈不仅支持主流的直播平台，还能够同时监测多个平台上的直播数据。这使得用户可以全面了解在不同平台上的直播效果和观众反应，从而更好地制定跨平台的策略。

②实时数据更新：平台提供实时的数据更新，让用户可以随时了解直播的最新情况。这种实时性能够帮助用户及时发现问题、调整策略，确保直播效果的最大化。

③智能分析与预测：蝉妈妈在数据分析方面拥有强大的智能分析能力，能够根据历史数据和趋势预测未来可能的发展趋势，为用户提供更加准确的决策依据。

④用户画像分析：平台能够基于数据分析生成观众画像，帮助用户了解观众的年龄、性别、兴趣等特点，从而更精准地定位目标受众，制定针对性的直播策略。

⑤数据安全与隐私保护：蝉妈妈注重用户数据的安全与隐私保护，采取了一系列措

施确保用户的数据不会被泄露或滥用，为用户提供了安全可靠的数据分析服务。

（5）应用案例

①企业直播营销优化：企业可以利用蝉妈妈分析工具，监测不同产品直播的销售情况，了解观众互动和购买行为，进而优化产品宣传策略，提高销售转化率。

②自媒体策略调整：自媒体创作者可以通过蝉妈妈了解自己的直播观众特点和兴趣，从而精准制定内容，吸引更多观众互动，增加粉丝互动度。

③品牌价值传播：品牌可以利用蝉妈妈的数据分析，评估直播活动对品牌知名度的提升效果，优化品牌传播策略，实现更好的品牌宣传效果。

通过蝉妈妈直播者可以更加科学地评估直播效果，根据数据分析结果进行策略优化，从而不断提升直播的质量和商业价值。这种数据驱动的方法有助于在竞争激烈的直播市场中保持竞争优势。

3.4.5.2　飞瓜数据

飞瓜数据是一家专业的移动直播数据分析与管理平台，旨在帮助直播主、品牌和企业通过数据分析，更好地了解直播效果，优化直播策略，提高转化效果。飞瓜数据提供了全面的数据监测、分析和呈现工具，让用户能够深入了解观众互动、销售情况和直播内容表现（见图3.8）。

图3.8　飞瓜数据

（1）主要功能

①数据搜集与监测：飞瓜数据可以实时搜集多个直播平台上的数据，包括观众互动、销售情况、粉丝增长等。用户可以在一个平台上集中查看各个直播平台的数据情况。

②观众互动分析：飞瓜数据可以分析观众的互动行为，包括点赞、评论、分享等，帮助用户了解观众对直播内容的反应和喜好，从而调整策略，提升互动效果。

③销售数据追踪：飞瓜数据跟踪直播中商品的点击量、转化率、销售额等数据，帮助用户了解商品的表现情况，调整销售策略，提高销售转化率。

④直播内容回放：飞瓜数据提供直播内容的回放功能，用户可以随时回顾直播过程，分析观众互动的高峰时段、内容亮点等，为后续的直播策略提供参考。

⑤策略优化建议：基于数据分析，飞瓜数据能够为用户提供策略优化建议，帮助用户改进直播内容、互动方式、销售推广等，提高整体转化效果。

（2）应用领域

飞瓜数据广泛应用于个人直播、企业产品推广、自媒体运营等领域。通过数据分析，用户能够更精准地了解观众需求，制定更有效的直播策略，提高影响力和商业效果。

（3）平台特点

①多平台支持：飞瓜数据支持监测多个直播平台上的数据，帮助用户跨平台进行数据分析和比较，制定更全面的策略。

②实时监测与分析：飞瓜数据提供实时数据监测和分析功能，用户可以随时查看直播情况，及时调整策略，保持直播的最佳状态。

③智能分析与报告生成：飞瓜数据拥有智能分析功能，可以为用户生成数据分析报告，以图表和图像的方式清晰呈现数据，帮助用户更好地理解和利用数据。

④用户画像分析：飞瓜数据通过数据分析生成观众画像，帮助用户深入了解观众特点和兴趣，从而更好地定制直播内容和推广策略。

（4）应用案例

①销售策略优化：通过飞瓜数据的销售数据追踪和分析，用户可以了解商品在直播中的表现情况，从而针对性地调整销售策略，提高销售转化率。

②直播内容改进：用户可以通过观众互动分析，了解观众在直播中的反应和意见，根据数据反馈改进直播内容，增加观众参与度。

③粉丝互动提升：飞瓜数据能够分析观众的互动行为，用户可以根据数据了解观众兴趣，制定更具吸引力的互动环节，增加粉丝互动度。

通过飞瓜数据平台，用户可以更加深入地了解直播效果，优化直播策略，提升转化效果和用户互动度。这种数据驱动的方法能够帮助直播者在竞争激烈的直播市场中脱颖而出，实现更高的商业价值。

3.4.5.3　抖音电商

抖音电商的"巨量百应"是一项功能强大的工具，它可以帮助电商主播在直播过程中实时查看和分析直播数据，从而更好地了解观众反应、产品销售情况以及直播表现（见图3.9）。"巨量百应"为抖音电商提供了一系列实时数据监测和分析功能，帮助主播在直播过程中更好地掌握观众的喜好，优化推广策略，提升直播的效果。

在抖音电商中，"巨量百应"提供了数据板块和商品板块，分别为电商主播和品牌商家提供了有关实时数据监测和商品管理的功能。

（1）数据板块

"巨量百应"的数据板块为电商主播和品牌商家提供了实时数据监测和分析功能，以帮助他们更好地了解观众反应、产品销售情况以及受众特征，从而进行优化和调整。主要包括以下方面：

图 3.9　抖音电商

①观众数据：这部分显示了观众的互动数据，包括点赞、评论、分享等。通过实时监测这些数据，主播可以了解观众的情感和互动情况。

②商品数据：这部分提供了商品的实时销售数据，包括点击量、加购物车数量、订单成交量等。主播和品牌商家可以根据这些数据了解产品受欢迎程度，从而调整推广策略。

③人群数据：数据板块还包括了有关观众人群的信息，如年龄、性别、地域等。这有助于主播和品牌商家更精准地了解自己的受众特征，进行目标定位和推广。

④千川数据：千川是指视频的实时数据流，它能够帮助主播和品牌商家了解视频的实际播放情况，以及用户观看时的行为和反应。

（2）商品板块

商品板块为主播和品牌商家提供了商品管理和推广的工具，使他们能够更好地管理产品信息和推广内容。

①商品管理：在商品板块中，主播和品牌商家可以上传和管理商品信息，包括商品图片、描述、价格等。这有助于建立商品库，方便在直播中进行推广。

②推广内容制作：在商品板块中，用户可以制作各种类型的推广内容，包括商品介绍视频、图文等，从而更好地展示产品特点和优势。

通过数据板块和商品板块，"巨量百应"为抖音电商提供了全面的数据监测和商品管理功能，以帮助主播和品牌商家在直播过程中更好地了解观众反应、优化推广策略，从而提升直播的效果和业绩。

3.5 乡村振兴与农产品直播

3.5.1 农产品直播概述

21 世纪 10 年代初，随着移动互联网的快速发展，直播开始逐渐兴起。最初的农产品直播多为零散、无组织的尝试，部分勇敢的农民尝试通过直播平台展示自己的农产品，吸引消费者。经过一段时间的尝试，一些成功案例开始崭露头角，如脱贫攻坚、农民增收等。这些成功案例激发了更多农民的积极性，推动了农产品直播的发展。随着电商直播的普及，越来越多的农民和企业认识到农产品直播的潜力，开始大量涌入这一市场。农产品直播从零散尝试走向规模化发展，成为乡村振兴的重要途径之一。

3.5.1.1 国家政策的支持

随着农产品直播在乡村振兴中的重要性日益凸显，政府部门纷纷出台政策支持和扶持措施。2015 年，国务院发布了《中央一号文件》，明确提出要支持电子商务、物流、商贸、金融等企业参与涉农电子商务平台建设，开展电子商务进农村综合示范。

3.5.1.2 农村地区基础设施建设大力推进

党的十八大以来，我国农村地区基础设施建设取得显著成效，特别是在通信网络方面，这为农产品直播提供了基础条件，使得更多农民能够借助网络销售农产品。2020 年发布的《中国农村电商物流发展报告》，全国 55 万多个行政村的村民足不出村就可收到邮件包裹，邮政普遍服务均等化水平得到明显提升。

3.5.1.3 农村地区市场潜力大，生鲜农产品供应充足

农村地区拥有庞大的市场潜力，电商直播进一步拓宽了农村市场，为农民提供了更多增收渠道，有助于提升农民生活水平。我国农业生产能力不断提升，生鲜农产品供应充足。借助电商直播平台，农民可以将优质农产品直接销售给消费者，降低中间环节的成本。自 2015 年以来，我国农村网络零售额呈现快速增长趋势，2020 年，全国农村网络零售额为 1.79 万亿元，同比增长 8.9%，其中农村实物产品网络零售额为 1.63 万亿元，同比增长 10.5%[①]。

3.5.1.4 新技术广泛应用

5G、VR、AR 等新技术的应用进一步拓展了农产品直播的可能性，提升了消费者的购物体验，推动行业发展。例如，5G 技术可以提高直播画质，带来更流畅的观看体验；VR 技术可以让消费者身临其境地参观农田、果园，加深对农产品的了解；AR 技术可以让消费者更直观地查看农产品的详细信息，提高购买决策的准确性。同时，物联网技术的应用还推动了智慧农业的发展，利用大量的传感器收集农业种植数据（如土壤、环境、病虫害等方面的数据），可以提高农业管理效率，从而弥补了农村电商交

---

① 陈俊杰，倪莉莉，骆芳. 农产品电商营销与运营［M］. 北京：人民邮电出版社：2021.

易中消费者不能接触实物的缺点，助力农村电商销售。

3.5.2　农产品拍摄与直播技巧

3.5.2.1　农产品拍摄注意事项

在拍摄农产品时，要真实展示产品的外观、颜色、纹理等，避免过度修饰，确保消费者能够看到真实的商品。同时，要突出农产品的独特卖点，如地理标志、有机认证等，增加消费者的购买欲望。

3.5.2.2　准备器材

（1）摄像设备：选择一款画质清晰、稳定性好的摄像设备，如智能手机、数码相机或专业摄像机，以确保拍摄过程中能够清晰展示农产品的细节。

（2）三脚架：使用三脚架可以稳定拍摄画面，避免因手抖引起画面晃动，从而提高画质。

（3）麦克风：选择一款降噪效果好的麦克风，确保拍摄过程中的语音清晰、无杂音。

（4）补光设备：根据拍摄环境选择合适的补光设备，如自然光、柔光灯等，确保拍摄画面光线充足，突显农产品的质感。

（5）背景布：使用背景布可以提升拍摄画面的整体美感，突出农产品的特点。

3.5.2.3　拍摄技巧

（1）视角选择：尝试从不同的视角拍摄农产品，如俯拍、平拍、仰拍等。不同视角能够展现农产品的多样性，增加画面的层次感。

（2）色彩搭配：注意农产品与背景、道具的色彩搭配，避免色彩冲突，突出农产品的鲜艳度。

（3）光线控制：合理运用光线，强调农产品的质感和立体感。可使用侧光、逆光等拍摄手法，增加画面的光影效果。

（4）画面构图：运用多样化的构图手法，如三分法、中心构图等，增加画面的视觉吸引力。

（5）注意细节：在拍摄过程中，注意展示农产品的细节，如果实纹理、叶片状况等。细节的呈现能够增加农产品的真实感，提升消费者的信任度。

3.5.2.4　农产品直播技巧

（1）了解农产品：在直播带货前，主播需要充分了解所要推销的农产品，包括产地、种植方法、口感、营养价值等方面的信息。这样，在直播过程中才能更加自信地推荐产品，提高观众的购买意愿。

（2）增加互动：与观众保持良好的互动是直播带货的关键。主播可通过提问、回答问题、举行抽奖活动等方式，吸引观众参与，提高观众的黏性。

（3）真实体验：主播可以现场尝试农产品，向观众展示产品的口感和品质。真实的体验能够增加观众的信任度，提高购买意愿。

（4）创新表达：尽量用生动、形象的语言描述农产品，增加观众的兴趣。同时，可以通过讲故事、分享种植经验等方式，为观众提供有价值的信息。

（5）优惠策略：合理制定优惠策略，如限时折扣、满减优惠等，吸引观众购买。同时，确保优惠活动的透明度和真实性，避免观众产生负面情绪。

（6）物流保障：与可靠的物流合作伙伴合作，确保农产品能够快速、安全地送达消费者手中。提前与物流公司沟通，了解运输时效和费用，以便在直播过程中向观众解释清楚。

（7）售后服务：提供完善的售后服务，处理消费者的疑问和投诉。在直播过程中，主播可以介绍售后政策，提高消费者的购买信心。

（8）数据分析：在直播结束后，对直播数据进行分析，包括观众人数、互动次数、转化率等。通过数据分析，找出直播带货的优点和不足，为下一次直播做好优化准备。

3.5.3 农产品直播营销方法与技巧

3.5.3.1 营销方法

农产品营销方法包括场景式营销、故事性营销、跨界合作（见表3.5）。

表 3.5 农产品营销方法

营销方法	技巧说明	具体案例
场景式营销	利用农田、果园、田间等自然场景，让消费者身临其境地了解农产品的生产环境，增强信任感	直播展示农村生活和传统手工艺，如制作酱菜、腌制泡菜等，吸引观众对农村文化和美食的关注和兴趣
故事性营销	讲述农产品背后的故事，如种植历程、农民生活等，打造情感链接，提升消费者的购买意愿	直播讲述小龙虾的养殖过程和背后的故事，如养殖环境、养殖技术等，激发消费者对小龙虾的购买欲望和好奇心
跨界合作	与其他行业的知名品牌或意见领袖进行合作，扩大农产品的知名度和影响力	网红奶茶店与水果店合作，推出新品水果茶，通过直播展示奶茶调制过程和水果采摘场景，吸引更多消费者关注和购买

（1）场景式营销

场景式营销利用农田、果园、田间等自然场景，让消费者身临其境地了解农产品的生产环境，增强信任感。场景营销是一种通过模拟现实生活场景，使消费者产生共鸣和购买欲望的营销方式。在农产品直播中，可以创造不同的场景来展示农产品的使用和消费情景。例如，展示家庭聚餐、野餐、节日庆典等场景，让观众体验农产品在日常生活中的价值，从而通过情景体验，激发观众的购买意愿。

（2）故事性营销

故事性营销讲述农产品背后的故事，如种植历程、农民生活等，打造情感链接，提升消费者的购买意愿。故事营销是将产品融入生动的故事，传递品牌价值和产品特点。在农产品直播中，可以讲述种植户的励志故事、农产品的传统文化、农村发展历程等，让观众产生情感共鸣。通过故事营销，增强观众对农产品的认同感和信任度，提高购买率。

（3）跨界合作

跨界合作是指与其他行业的知名品牌或意见领袖进行合作，扩大农产品的知名度和影响力。跨界营销是将农产品与其他行业或领域进行结合，拓宽市场范围和观众群体。在农产品直播中，可以尝试与美食、旅游、时尚等领域的主播、网红、品牌进行合作。例如，邀请美食博主进行农产品烹饪教程直播，展示农产品的美食价值；与旅游博主合作，进行田园风光直播，让观众了解农产品产地的特色。跨界营销有助于提高农产品的知名度和吸引不同类型的消费者。

3.5.3.2 营销技巧

（1）精准定位：在开展农产品直播前，首先要明确直播的目标受众，根据受众特点制定合适的直播内容和策略。了解受众需求，为他们提供有价值的信息和产品。

（2）品牌打造：通过直播塑造农产品品牌形象，展示产地特色、种植技术和优质产品。同时，可邀请专家、种植户等进行访谈，提升品牌知名度和信誉。

（3）内容创新：设计有趣、富有创意的直播内容，吸引观众关注。可以尝试不同形式的直播，如实地采访、田间直播、农产品制作教程直播等。

（4）互动体验：增强与观众的互动，增加直播的观看时长，提高观众参与度。例如，设立互动环节，邀请观众提问、分享经验；设置抽奖、发放优惠券等活动，刺激观众购买。

（5）跨界合作：与其他行业或领域的主播、网红进行合作，拓展观众群体。例如，与美食博主合作，推出农产品烹饪教程；与旅游博主合作，展示农产品产地的风景和特色。

（6）定期更新：保持直播内容的更新，以吸引观众持续关注。可以根据节日等因素调整直播内容，确保内容的时效性和新鲜度。

（7）利用大数据：通过对直播数据进行分析，了解观众喜好、行为习惯等信息。据此优化直播内容和策略，提高直播的观看率和转化率。

（8）营销联动：结合线上线下营销手段，提高农产品的曝光度。例如，在社交媒体上发布直播预告，吸引观众关注；与实体店合作，举办线下农产品体验活动。

【知识小结】

本章主要探讨了电商直播作为一种新兴商业模式在现代商业生态中的重要性。电商直播借助实时视频直播技术，将产品展示与互动体验相结合，吸引消费者参与，从而推动产品销售。以下是本章涵盖的主要知识点。

（1）起源与发展：电商直播，尤其是短视频平台的兴起，源于移动互联网的发展。通过视频直播，商家可以实时展示产品特点、使用方法，并与观众实现互动，营造购物氛围。随着社交媒体的普及，电商直播已成为一种创新的商业模式。

（2）运作模式：电商直播的核心特点是实时互动性。在直播过程中，主播展示产品，回答观众问题，激起观众的购买欲望。观众可以通过弹幕、点赞等方式与主播互动，提出疑问，表达意见。这种直播形式强调与观众的互动，提升了购物体验和信任感。

（3）策划与营销：直播脚本策划是电商直播成功与否的关键。策划要充分考虑产品特点和观众需求，设计吸引人的脚本，引入多种内容元素，创造互动环节。在社交媒体平台上进行宣传预热，吸引观众参与，增强直播效果。

（4）法律法规：电商直播运营需要合法合规，因此创业者需要了解相关的法律法规。合规经营可以保护消费者权益，避免法律风险，确保企业形象。

（5）应用领域：电商直播不仅在传统消费品领域有应用，还在农产品直播、乡村振兴等方面发挥重要作用。通过直播，农产品可以更好地展示其独特价值，增强销售效果，同时推动农村产业的发展。

本章的内容帮助我们理解电商直播的起源和发展，掌握其核心运作模式和策划要点，了解合规经营的重要性，以及探索其在不同领域的应用前景。电商直播作为数字商业领域的一次重要创新，将继续在商业生态中扮演重要角色，为消费者提供更丰富的购物体验，为创业者创造更多商机。

【课后习题】

一、判断题

1. 电商直播是一种利用实时视频直播方式进行产品销售和推广的商业模式。

（　　）

2. 直播脚本策划的关键在于尽量保持内容的单一性，避免引入多种产品或主题。

（　　）

3. 在产品选品与运营阶段，电商直播只需关注产品本身，不需要考虑社交媒体等外部渠道。

（　　）

4. 在电商直播运营过程中，不需要考虑法律法规，只需根据商业需求灵活操作即可。

（　　）

5. 乡村振兴与农产品直播的结合，虽然有助于增强农产品的销售效果，但对农村经济发展影响较小。

（　　）

二、单选题

1. 电商直播是利用什么方式进行产品销售和推广的？（　　）

　　A. 实时音频播放　　　　　　　　B. 实时视频直播

　　C. 电子邮件营销　　　　　　　　D. 长篇文字描述

2. 直播脚本策划的关键在于以下哪一点？（　　）

A. 引入多种产品或主题   B. 保持内容的单一性

C. 忽略观众互动   D. 使用复杂的语言

3. 产品选品与运营阶段，电商直播需要考虑的外部渠道包括哪些？（　　　）

A. 电视广告   B. 售货机

C. 社交媒体   D. 传单派发

4. 电商直播在运营过程中，为什么需要遵守法律法规？（　　　）

A. 为了增加操作复杂性

B. 为了增加难度

C. 为了保护消费者权益，避免法律风险

D. 为了减少销售量

5. 乡村振兴与农产品直播的结合能够实现以下哪些目标？（　　　）

A. 降低农产品品质   B. 促进农村经济发展，推动产业升级

C. 提高农产品售价   D. 减少农产品销售渠道

6. 电商直播最大的特点是什么？（　　　）

A. 静态内容呈现   B. 实时互动性

C. 纯文字描述   D. 定时发布产品

7. 直播脚本策划的目的是什么？（　　　）

A. 吸引观众并促进销售   B. 增加文化氛围

C. 提供社交媒体链接   D. 展示公司团队

8. 产品选品与运营阶段，为什么需要进行市场调研？（　　　）

A. 增加成本   B. 帮助公司倒闭

C. 确定产品定位和竞争分析   D. 扩大法律风险

9. 在电商直播运营过程中，合规经营的重要性在于什么？（　　　）

A. 增加操作复杂性   B. 增加销售量

C. 避免法律风险，保护企业形象   D. 减少客户互动

10. 农产品直播在乡村振兴中的作用是什么？（　　　）

A. 对农村经济影响小，只能提升农产品销售

B. 可推动乡村经济发展，促进农产品升级与产业发展

C. 只能对城市经济产生影响

D. 不能提升农产品品质

三、多选题

1. 直播脚本策划的要点包括哪些？（　　　）

A. 引入产品展示   B. 提供实时评论

C. 保持内容的多样性   D. 设计互动环节

2. 以下哪些属于电商直播的主要运作模式？（　　　）

A. 视频录制   B. 实时互动

C. 图片展示　　　　　　　　　　　　D. 音频播放

3. 在电商直播运营过程中，合规经营需要考虑以下哪些方面？（　　　）

    A. 消费者权益保护法规　　　　　　B. 音乐版权问题

    C. 社交媒体宣传规范　　　　　　　D. 网络隐私保护法律

4. 乡村振兴与农产品直播的结合，可以实现以下哪些目标？（　　　）

    A. 提升农产品的知名度　　　　　　B. 推动农村产业升级

    C. 增加农产品的生产成本　　　　　D. 减少农产品的销售渠道

5. 以下哪些内容在本章中会涉及？（　　　）

    A. 电商直播的起源　　　　　　　　B. 电子邮件的历史

    C. 电商直播的市场份额　　　　　　D. 电商直播的发展历程

 **任务实践**

任务名称	电商直播创业项目策划与实施	
任务背景	随着互联网和移动技术的发展，电商直播作为一种新兴的商业模式，吸引了越来越多的创业者和投资者。在数字化时代，电商直播通过视频直播形式实时展示产品，与观众互动，促进购物行为的发生，已经成为商业模式的重要创新。据不完全统计，仅2022年抖音电商直播销售额就达到数百亿元人民币，展现出了巨大的市场潜力和商机。你作为一名大学生，将有机会参与一个电商直播创业项目的策划与实施，从而深入了解电商直播的运作模式、市场机会以及实际操作过程。	

任务描述	序号	任务内容	难度
	1	市场调研与定位：通过调查研究，选择一个具有潜力的产品或品类作为创业项目的主要销售对象。根据市场需求和竞争情况进行定位，确定目标受众和市场定位	一般
	2	直播脚本策划：设计吸引人的直播脚本，包括引入产品展示、互动环节、特别活动等。考虑如何与观众互动，以及如何将产品的特点和卖点传达给观众	容易
	3	产品选品与推广：筛选并确定销售产品，考虑产品的独特性、受众需求以及直播展示的效果。制订推广计划，包括在社交媒体平台的宣传和预热，吸引潜在观众	较难
	4	法律合规与风险管理：研究相关的法律法规和政策要求，确保项目的合规经营。分析潜在法律风险，制订相应的风险管理计划，保护项目的合法权益	容易
	5	直播实施与运营：进行直播实施，按照事先设计的脚本和互动环节进行直播。通过直播平台与观众互动，回答问题，展示产品，促进销售。同时，注意观众反馈，根据实际情况进行调整	一般
	6	项目总结与反思：结束直播后，对整个创业项目进行总结和反思。分析直播的效果、观众参与度以及销售情况。总结经验教训，为未来类似项目积累经验	容易

任务报告（不少于800字）

电商直播
技能实训教程

		任务评价		
评价类别		评价内容	分值	教师评分
知识评价	1	对电商直播的理解深入：学生在任务实训中展现了对电商直播概念、发展历程以及运作模式的深刻理解，能够清晰阐述电商直播的核心特点和在商业领域的重要作用	5	
	2	法律合规意识增强：在项目实施过程中，学生表现出对电商直播领域的法律法规有着较为全面的了解，能够合理应用法规来指导实际操作，保证合规经营	5	
	3	产品定位与市场分析准确：学生在市场调研和产品选品阶段，能够针对不同产品定位进行精准市场分析，准确把握目标受众的需求和市场机会	5	
	4	直播脚本设计独具匠心：在直播脚本策划中，学生展现了创意和设计能力，能够创造性地设计互动环节，引发观众兴趣，提升观看体验	10	
	5	乡村振兴理念深刻理解：在乡村振兴与农产品直播项目中，学生充分体现了对乡村振兴战略的深刻理解，能够将电商直播与农村经济发展相结合，推动产业升级	5	
能力评价	1	项目规划与管理能力：学生在任务实训中展现了出色的项目规划和管理能力，能够合理分配时间和资源，有效协调团队成员，确保项目顺利进行	10	
	2	创新思维与问题解决能力：学生在直播脚本策划和实施过程中，表现出独创性思维，能够灵活应对问题，及时调整策略，保证直播内容的吸引力和互动性	10	
	3	沟通协作技巧突出：在直播实施和运营阶段，学生展现了出色的沟通协作技巧，能够与观众互动，回答问题，并与团队成员协调合作，共同完成任务	10	
	4	数据分析与决策能力：学生在直播结束后，能够对观众参与度、销售数据等进行分析，为项目总结提供客观数据支持，对项目成效做出科学评估	5	
	5	技术应用与操作熟练度：在直播实施阶段，学生表现出对直播平台和技术工具的熟练掌握，能够流畅地进行直播操作，确保内容的质量和稳定性	5	

3

电商直播概论

素养评价	1	创业激情与积极性：学生在任务实训中展现了创业激情，对电商直播领域充满热情，愿意付出努力，不断追求创新和进步	5	
	2	团队合作与责任心：学生在团队合作中表现出较强的团队合作精神，能够充分发挥个人优势，积极承担责任，为团队的成功贡献力量	5	
	3	风险意识与诚信原则：学生在法律合规和风险管理方面表现出较高的风险意识，能够坚守诚信原则，遵守法律法规，保障创业项目的合法合规运营	5	
	4	乡村振兴使命感：在乡村振兴与农产品直播项目中，学生展现了对社会责任的认知，能够将商业行为与社会价值相结合，推动农村发展	5	
	5	自我反思与持续学习态度：学生在项目总结阶段，能够客观地对自己的表现进行反思，总结经验教训，保持持续学习的态度，不断提升自身素质和能力	10	
总分				

4

电商直播实训

项目要求

　　本章主要目的是让学生通过实践课程的学习，了解和掌握电商直播的基本理论和基本方法；通过直播训练，让学生掌握平台选择条件，认识直播选品的重要性，掌握直播话术，熟练直播过程、掌握数据分析和复盘等，从而增强学生在电商直播行业就业的竞争力。

学习目标

【知识目标】

➤理解电子商务相关的法律规定和行业要求。

➤了解电商直播运营步骤和各个环节，系统掌握电商直播相关知识和理论。

➤掌握电商直播领域的法律法规和政策要求。

【能力目标】

➤学生具备对产品进行定位和选品的能力，能够运用营销技巧将产品通过直播渠道进行有效推广，提升销售效果。

➤掌握撰写引人入胜的直播脚本的技能，能够根据产品特点和目标受众设计内容，提高直播的吸引力和互动性。

➤掌握科学选择平台、合理选品、团队组建、撰写话术、直播策划、直播实施、数据分析和复盘能力。

【素质目标】

➤具备较高的互联网思维、创新创业意识，具备精益求精、崇信守法的职业素质。

➤培养学生践行社会主义核心价值观。
➤培养学生具备良好的人文社会科学素养。

学习导图

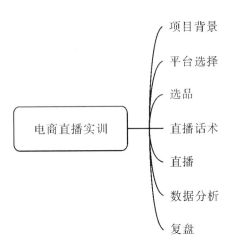

4.1　项目背景

　　成义烧坊始创于 1862 年，开创了中国酱香型白酒先河，享有"天下酱香出成义"的美誉。现成义烧坊掌门人、茅台郑氏酿酒宗门第七代传人郑永富大师关门弟子、国宝级酱酒大师方廷本先生，以传承"成义"古法为己任，恪守古训，所产佳酿堪称一绝。

　　作为成义烧坊品牌授权直播间，通过本次直播实训实现以下诉求：成义烧坊品牌可以在短时间内向大量观众展示自己的产品和服务，让更多的人了解成义烧坊，从而提高成义烧坊的知名度和曝光率。让直播成为成义烧坊与消费者沟通的重要渠道，通过直播成功地吸引更多的消费者。成义烧坊品牌可以直接与消费者进行互动，回答消费者的问题，解决消费者的疑虑，让消费者更加信任成义烧坊。同时，成义烧坊品牌也可以通过直播展示自己的态度和价值观，让消费者更加认同成义烧坊，从而增强成义烧坊的亲和力。成义烧坊可以直接向消费者推销产品和服务，让消费者更加方便地购买商品。同时，直播也可以提供一些优惠活动和折扣，吸引消费者购买。

4.2　平台选择

　　随着电商直播的兴起，越来越多的直播平台涌现出来，使得商家和直播主有了更多的选择。选择一个合适的直播平台对于电商直播的成功至关重要。本部分将详细介绍直播平台选择的相关知识，包括直播平台的选择策略、直播平台的功能和特点，以及如何与直播平台合作等方面。

（1）直播平台的选择策略

在选择直播平台时，首先要考虑目标受众。不同的直播平台有不同的用户群体，商家需要根据自己的产品特点和目标受众选择合适的直播平台。

不同的直播平台具有不同的特点和功能，例如某些直播平台注重社群和互动，某些直播平台则注重直播内容和效果。商家需要根据自己的需求和产品的特点选择具有相应功能的直播平台。

商家的直播需要流量和用户活跃度的支持，因此选择一个具有较高流量和用户活跃度的直播平台可以更好地促进电商直播的发展。不同的直播平台收取的费用不同，因此商家需要根据自己的预算选择合适的直播平台。商家应选择一个安全、稳定的直播平台，以保证直播数据和用户信息的隐私和安全。

（2）直播平台的功能和特点

抖音直播是一个以短视频为主的直播平台，具有较高的用户活跃度和流量。商家可以在抖音直播中通过直播带货、品牌宣传等方式吸引用户，实现销售转化。

快手直播是一个以短视频为主的直播平台，拥有庞大的用户群体和较高的用户活跃度。商家可以在快手直播中通过直播带货、品牌宣传等方式扩大影响力。

淘宝直播是淘宝网旗下的直播平台，主要面向电商从业者和商家。淘宝直播以商品展示和带货为主，适合各类电商产品的销售。

B站直播是一个以年轻用户为主的直播平台，聚集了大量的"90后""00后"用户。商家可以在B站直播中通过游戏、娱乐、动漫等内容吸引年轻用户，扩大品牌影响力。

视频号的内容以图片和视频为主，可以发布长度不超过1分钟的视频，或者不超过9张的图片，还能带上文字和公众号文章链接，而且可以直接在手机上发布。视频号支持点赞、评论，也可以转发到朋友圈、聊天场景，与好友分享，其具有强大的社交和媒体属性。

（3）如何与直播平台合作

在与直播平台合作前，商家需要了解平台的规则和政策，包括直播规定、收费标准、广告政策等，以便更好地与平台合作。商家可以通过平台的官方网站、客服电话、社交媒体等途径与平台建立联系，与平台工作人员进行沟通和协商。商家在与直播平台合作时，需要提供优质的内容和服务，如高质量的直播内容、具有吸引力的产品、优质的售后服务等，以提高用户的购买体验和忠诚度。商家需要根据实际情况合理投入资源和资金，并对合作效果有合理的预期管理，避免对合作效果的不切实际的期望。

商家需要与直播平台保持良好的沟通和合作关系，及时反馈问题和建议，共同推动合作的顺利进行。

（4）总结

选择一个合适的直播平台对于电商直播的发展至关重要。商家需要根据自己的产品特点和目标受众选择合适的直播平台，并了解平台的功能和特点，提供优质的内容和服务。在与直播平台合作时，商家需要保持沟通和合作顺畅，合理投入和预期管理，共同推动合作的顺利进行。本次实训项目，因成义烧坊为大众消费产品，因此我们选择流量较高的抖音平台作为成义烧坊品牌的直播平台。

4.3 选品

随着互联网技术的发展，电商直播已成为一种新兴的电商模式。在电商直播中，选品是至关重要的一环，它直接决定了直播带货的效果和销售额。本部分将详细介绍直播选品的相关知识。

（1）直播选品的意义

直播选品是指在直播带货过程中，选择适合直播销售的商品。优质的商品是电商直播成功的关键，而直播选品的目的就是选择具有吸引力和竞争力的商品，提高直播的观看率和销售量。

（2）直播选品的策略

直播选品策略包括确定目标受众、分析市场需求、考虑产品质量和价格、选择适合直播销售的产品等。

在直播选品前，首先要明确目标受众，了解他们的年龄、性别、职业、兴趣爱好等特征，以便选择适合他们的产品。在选择产品时，要分析市场需求，了解消费者对不同产品的关注度、购买意愿和购买能力，以便选择具有市场竞争力的产品。产品质量是消费者购买的决定性因素，因此在选择产品时，要重视产品质量，选择质量可靠、性能优良的产品。价格是消费者购买的重要因素之一，因此在选择产品时，要考虑产品的价格，选择价格合理、性价比高的产品。在选择产品时，要考虑产品是否适合直播销售，要选择具有视觉冲击力、易于展示产品特点的产品。

（3）直播选品的流程

直播选品流程包括收集产品信息、产品筛选、产品评估、确定合作商家、准备直播等环节。

收集产品信息是直播选品的第一步，可以通过互联网、展会、商家推荐等途径收集产品信息。在收集产品信息后，要根据上述策略筛选出符合要求的产品。然后对初步筛选出的产品进行深入评估，包括产品质量、价格、售后服务等方面，评估结果将作为最终选择的依据。在评估产品后，要选择合适的合作商家，与商家进行沟通并签订合同，以确保产品的供应和品质。在产品选定后，要准备直播前的各项工作，包括搭建直播场景、准备道具、调试设备等。同时要提前进行预演，以确保直播过程的顺利进行。

（4）直播选品的注意事项

在选择产品时，要注意产品的适用性，选择符合目标受众需求的产品。例如，如果目标受众是年轻女性，可以选择美妆、服装等产品；如果目标受众是家庭主妇，可以选择家居用品、食品等产品。

在选择产品时，要关注产品的独特性，选择具有独特卖点的产品。例如，可以选择一些新奇、有趣的产品来吸引观众的注意力。

在选择产品时，要重视产品质量和售后服务，选择具有良好口碑和信誉的商家和品牌。这不仅可以保证产品的品质，还可以提高消费者的购买体验和忠诚度。

在选择产品时，要遵守相关的法律法规和商业道德，不得销售违法、违规的产品。同时要注意保护消费者的合法权益，不得进行虚假宣传和欺诈行为。

（5）总结

直播选品是电商直播成功的关键之一。在选择产品时，要根据目标受众、市场需求、产品质量、产品价格等多方面因素进行综合考虑。同时要注意产品的适用性、独特性、质量和售后服务等方面的问题。在遵守相关法律法规和商业道德的前提下，为消费者提供优质的产品和服务，才能实现电商直播的可持续发展。本次实训项目，根据粉丝调研、产品特点、目标受众、复购率及热门度等进行综合考虑，最后选择成义"烧坊1935"作为直播销售产品。

4.4 直播话术[①]

在电商直播中，直播话术的选择和运用对于吸引用户、提高转化率等具有非常重要的作用。本部分将详细介绍直播话术的选择和运用，包括直播话术的重要性、直播话术的基本原则、直播话术的技巧以及如何根据不同情况进行直播话术的调整等方面。

（1）直播话术的重要性

直播话术是指在直播过程中主播用来与观众互动、推销产品或宣传品牌的语言表达。一个好的直播话术能够吸引用户的注意力，使观众对直播内容产生兴趣，进而留在直播间继续观看。直播话术的目的是推销产品或宣传品牌，一个好的直播话术能够清晰地介绍产品特点、优势和价值，提高观众对产品的认知度和购买意愿，从而提高转化率。直播话术可以通过宣传品牌理念、传递品牌价值等方式增强品牌形象，提高品牌知名度和美誉度。直播话术的最终目的是促进销售，一个好的直播话术能够有效地激发观众的购买欲望，提高销售业绩。

（2）直播话术的基本原则

直播话术应该简洁明了，避免过于复杂的语言表达。主播应该用简单的语言让观众快速理解产品的特点和优势。

直播话术要真实可信，避免夸大其词或虚假宣传。主播应该以客观、真实的态度介绍产品，让观众对产品有正确的认知。

直播话术要有互动性，与观众进行有效的互动交流。主播可以通过提问、抽奖等方式与观众进行互动，提高观众的参与度和黏性。

直播话术要具有引导购买的作用，激发观众的购买欲望。主播可以通过限时促销、限量购买等方式引导观众购买产品。

（3）直播话术的技巧

主播可以通过一些引导性语言引起观众的兴趣，如"你们想知道这款产品的秘密吗？""你们想了解这款产品的独特之处吗？"

主播可以通过提问的方式与观众进行互动，如"你们有没有遇到过这个问题？"

① 张国文. 玩赚直播：主播修炼+文案台词+成交话术+带货卖货［M］. 北京：清华大学出版社，2021.

"你们更喜欢哪一种产品？"

主播可以通过限时促销的方式引导观众购买产品，如"现在购买可以享受限时优惠哦！""前10名购买者可以获得神秘礼品！"

主播可以通过情感共鸣的方式与观众建立联系，如"我们都希望家里更加温馨舒适，让我们一起来看看这款产品如何帮助我们实现这个愿望吧！"

（4）根据不同情况进行直播话术的调整

不同的产品具有不同的特点和优势，主播需要根据不同的产品类型选择合适的直播话术。例如，对于家居用品，主播可以更多地强调产品的舒适性、实用性；对于美妆产品，主播可以更多地强调产品的效果、成分等。

不同的目标受众具有不同的需求和购买习惯，主播需要根据不同的目标受众选择合适的直播话术。例如，对于年轻人群，主播可以更多地采用时尚、活泼的语言；对于中老年人群，主播可以更多地采用简洁、直观的语言。

不同的直播场景需要采用不同的直播话术。例如，在产品展示直播中，主播需要更加注重产品的细节和特点；在活动直播中，主播需要更加注重氛围的营造和互动的环节。

（5）总结

直播话术的选择和运用对于电商直播的效果具有非常重要的作用。一个好的直播话术能够有效地吸引用户和提高转化率，从而增强品牌形象，促进销售。在编写直播话术时，需要遵循简洁明了、真实可信、互动性强、引导购买等基本原则，并运用一些技巧如引起兴趣、互动提问、限时促销、情感共鸣等。同时，还需要根据不同产品类型、目标受众和直播场景进行直播话术的调整，以达到最佳的直播效果。

4.5 直播

在电商直播中，直播前准备和直播过程是两个非常重要的环节。本部分将详细介绍这两个环节的准备和工作流程，以帮助您成功地开展电商直播活动。

（1）直播前准备

直播前准备是电商直播成功的关键之一。充分的准备可以确保直播顺利进行，减少意外情况的发生。

在直播前，首先要确定直播的主题和目标。主题应与您的产品或品牌相关，目标可以是提高品牌知名度、促进产品销售等。明确目标后，可以制订相应的策略和计划。

选择合适的直播时间和频率对于吸引观众非常重要。您可以根据目标受众的作息时间和观看习惯来选择直播时间和频率。同时，也要考虑您的时间安排和能力，确保能够持续、稳定地进行直播。

选择适合您的产品和目标受众的直播平台和工具非常重要。常见的直播平台包括抖音、快手、淘宝等。在选择平台时，要考虑平台的用户规模、目标受众的覆盖情况以及平台的操作难度等因素。选择合适的工具可以简化直播流程，提高效率。

直播内容是吸引观众的关键。您可以通过展示产品、分享专业知识或经验、回答观众问题等方式提供有价值的内容。同时，要确定与观众互动的方式，如抽奖、问答等，增强观众参与感。

直播宣传是吸引观众的重要手段。您可以通过社交媒体、广告投放、KOL 合作等方式宣传您的直播。在宣传过程中，要突出直播的主题和亮点，吸引观众关注。

在直播前，要确保相关物资和人员准备充分。例如，准备产品样品、道具、摄影器材等。同时，要协调好团队成员的工作分配和协作流程，确保直播顺利进行。

（2）直播过程要点

在直播过程中，需要注意以下要点：

在直播开始时，首先要进行开场白和自我介绍。开场白要简洁明了，迅速引导观众进入直播主题。自我介绍要突出自己的专业性和特点，让观众对你有初步了解。

在直播过程中，产品展示和讲解是非常重要的环节。要清晰地展示产品的特点和优势，同时通过讲解让观众了解产品的使用方法和注意事项。在展示和讲解过程中，要注重与观众的互动，回答观众提出的问题，增强观众参与感。

除了产品展示外，您还可以分享一些与产品相关的专业知识，提升观众的认知度和信任度。在分享专业知识时，要注意语言的通俗易懂，避免过于专业或复杂的术语。

互动环节是提高观众参与度的重要手段。您可以设计一些互动环节，如抽奖、问答等，让观众参与进来。在互动环节的设计中，要考虑观众的兴趣和需求，提高互动的效果。

在直播的结尾部分，要引导观众进行购买和关注。您可以介绍产品的购买渠道和关注方式，同时强调产品的价值和优势，激发观众的购买欲望。

在直播结束时，要简短地表达感谢语和结束语。感谢观众的观看和参与，同时鼓励观众继续关注和支持您的直播。

（3）总结

直播前准备和直播过程是电商直播成功的关键环节，充分的直播前准备可以确保直播顺利进行，而良好的直播过程可以吸引更多观众并提高转化率。

4.6　数据分析[①]

在电商直播中，数据分析是非常重要的一环。通过数据分析，我们可以了解观众的行为和需求，评估直播的效果和收益。本部分将详细介绍直播数据分析的要点和方法。

（1）数据分析的重要性

直播数据分析是电商直播中非常重要的一环。通过数据分析，我们可以了解观众的行为和需求，评估直播的效果和收益，并发现潜在的问题和风险。在未来的电商直播中，要注重数据分析和应用，以提供更好的服务和产品，实现更大的商业价值。

帮助企业了解消费者需求，调整营销策略和产品研发方向。通过分析电商直播数

①　张雪存. 电商直播数据分析与应用［M］. 北京：电子工业出版社：2023.

据，企业可以了解消费者的购买习惯、偏好和需求，从而调整营销策略和产品研发方向，提高销售效益和用户满意度。

提升用户体验，增强用户忠诚度和品牌影响力。通过数据分析，企业可以了解用户对电商直播的反馈和评价，及时发现和解决问题，提升用户体验和忠诚度。同时，通过对用户行为的分析，企业可以更好地了解用户的兴趣和需求，从而制订更精准的营销策略，增强品牌影响力。

预测市场趋势，为企业决策提供科学依据。通过分析电商直播数据，企业可以了解市场的发展趋势和变化，从而提前做出预测和应对措施，避免市场风险和竞争压力。同时，这些数据也可以为企业决策提供科学依据，帮助企业做出更明智的决策。

优化电商直播运营，提高销售效益和用户体验。通过数据分析，企业可以了解电商直播的运营情况，发现存在的问题和瓶颈，从而制订更合理的运营策略和推广方案。同时，这些数据还可以帮助企业优化产品设计和售后服务，提高销售效益和用户体验。

总之，开展电商直播数据分析对于企业的经营和发展具有重要意义，可以帮助企业发现问题、提高效益、提升用户体验和品牌影响力。

（2）数据分析指标

以下是直播数据分析中一些常用的指标：

观看人数是指观看直播的观众总数。观看人数可以反映直播的受欢迎程度和影响力。

观看时长是指观众观看直播的总时长。观看时长可以反映直播的吸引力和观众的参与度。

互动次数是指观众与直播互动的次数，例如评论、点赞、分享次数等。互动次数可以反映观众的参与度和对直播的认可度。

转化率是指观众从观看直播到完成购买等转化的比例。转化率可以反映直播的营销效果和观众的购买意愿。

用户画像是描述观众特征的信息，例如年龄、性别、地域、兴趣等。用户画像可以帮助我们了解观众的需求和偏好，从而更好地调整直播内容和策略。

（3）数据分析方法

以下是一些常用的数据分析方法：

对比分析是将不同时间段、不同平台、不同活动的数据进行分析比较，以评估直播效果和收益。例如，可以将本周的观看人数和观看时长与上周进行对比，分析直播效果的变化趋势。

维度分析是按照不同的维度对数据进行分类和分析。例如，可以按照时间段对观看人数和观看时长进行维度分析，以了解观众在不同时间段的行为偏好。可以按照平台转化率进行维度分析，以了解不同平台的转化效果。

漏斗分析是按照一定顺序对数据进行逐层分析，以了解观众的流失情况和转化率。例如，可以在直播过程中对观众的留存情况进行漏斗分析，以了解哪些环节容易导致观众流失。

回归分析是利用历史数据来预测未来的趋势和变化。例如，可以利用过去一段时间的观看人数和观看时长来预测未来一段时间的直播效果。

（4）数据分析应用

通过数据分析，我们可以了解观众的行为和需求，从而优化直播内容和策略。例如，我们如果发现观众对某个产品的兴趣较浓，就可以增加该产品的展示时间和讲解深度。

通过数据分析，我们还可以评估直播的效果和收益，从而优化直播计划。例如，我们如果发现某个时间的观看人数较多、观看时间较长，就可以增加该时间的直播频率。我们也可以发现潜在的问题和风险，及时采取措施加以解决。例如，如果发现观众的流失率较高，就可以分析原因并改进直播内容和服务质量。

（5）总结

直播数据分析是电商直播中非常重要的一环。通过数据分析，我们可以了解观众的行为和需求，评估直播的效果和收益，并发现潜在的问题和风险。在未来的电商直播中，要注重数据分析和应用，以提供更好的服务和产品，实现更大的商业价值。

（6）本次实训项目数据分析

本次实训项目数据分析主要基于基础数据、直播数据和粉丝数据等，可以查看自己账号直播情况，也可以经常使用第三方数据分析工具如飞瓜数据、蝉妈妈等来获取数据。

基础数据分析，主要指分析账号的一些基础数据。从图4.1中可以看出，成义烧坊白酒旗舰店当前粉丝数为2 581人，点赞总数为426次，加入粉丝团人数为952人。

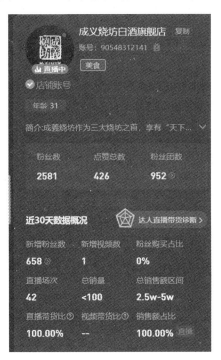

图4.1　基础数据图

直播数据分析，主要是指直播过程中的数据分析。从图4.2中可以看出，这次直播中人均停留时长、点赞数、新增粉丝团、新增粉丝、转粉率、分钟点赞数、分钟涨粉数和互动率都有大幅度提升，说明本次直播效果较好，但平均留存指数和评论率还有待改进。

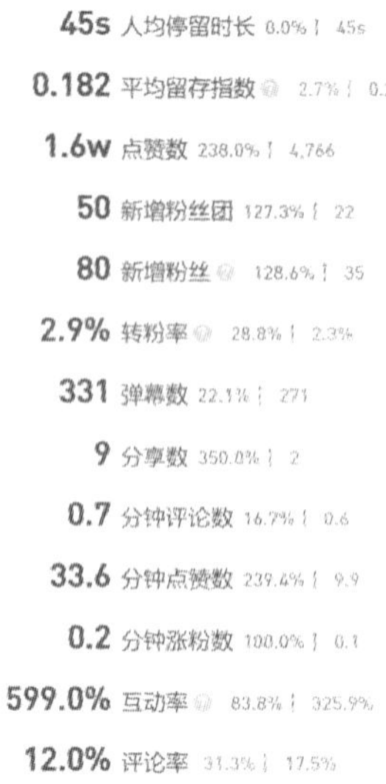

45s 人均停留时长 0.0% ↓ 45s

0.182 平均留存指数 2.7% ↑ 0.2

1.6w 点赞数 238.0% ↑ 4,766

50 新增粉丝团 127.3% ↑ 22

80 新增粉丝 128.6% ↑ 35

2.9% 转粉率 28.8% ↑ 2.3%

331 弹幕数 22.1% ↓ 271

9 分享数 350.0% ↑ 2

0.7 分钟评论数 16.7% ↑ 0.6

33.6 分钟点赞数 239.4% ↑ 9.9

0.2 分钟涨粉数 100.0% ↑ 0.1

599.0% 互动率 83.8% ↓ 325.9%

12.0% 评论率 31.3% ↑ 17.5%

图 4.2　直播数据截图 1

近 90 天，从图 4.3 中可以看出，该实训账号新增粉丝 1 361 人，新增视频作品 14 个，作品点赞 405 个，直播次数 101 次，直播销售额 5 万多元，新增粉丝团 935 人。但新增作品太少，在一定程度上没有起到很好的引流作用，作品互动和销售为 0，说明作品质量不高，需进一步优化。

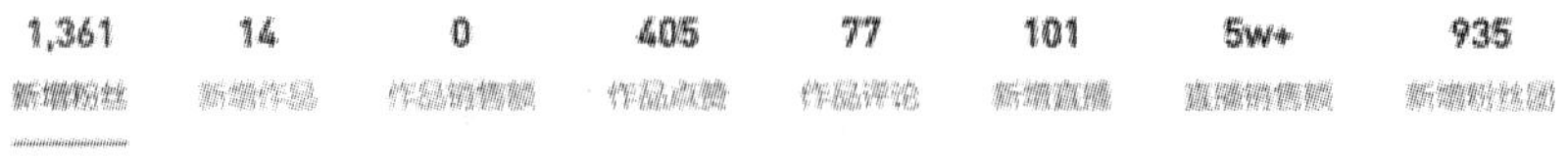

1,361	14	0	405	77	101	5w+	935
新增粉丝	新增作品	作品销售额	作品点赞	作品评论	新增直播	直播销售额	新增粉丝团

图 4.3　直播数据截图 2

粉丝观看数据分析，主要针对粉丝观看数据进行分析。从图 4.4 中可以看出，男性居多，占 84.95%，女性用户较少；粉丝年龄主要集中在 31~40 岁；主要居住身份在四川、广东和贵州三省，主要居住城市为成都、遵义和贵阳；观众活跃度较高，为 95.01%；手机品牌以苹果为主；粉丝偏好酒类产品；观众消费水平较低，主要集中在 0~25 元。要根据粉丝画像，选择与之匹配的产品，并认真分析粉丝与成义烧坊品牌和成义烧坊 1935 匹配与否，可以选择价位稍低一点的产品，或者采取适当措施，吸引消费水平高一点的粉丝。

男性 居多   31-40岁 居多   四川、广东、贵州 居多   成都、遵义、贵阳 居多   95.01% 观众活跃

苹果手机 居多   观众成交类目 酒类 居多   观众消费水平 0-25元 居多

性别分布
属性居多，占比84.95%

■男 ■女

年龄分布
31-40岁居多，占比45.09%

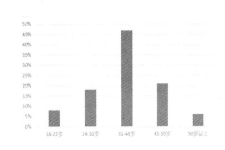

图 4.4　粉丝观看数据图

4.7　复盘

　　直播复盘是指对一场直播活动进行全面分析和总结，以便从中发现亮点和问题，进而进行改进和提升。在直播领域，复盘是一项非常重要的工作，能够有效提升和强化直播的质量和效果。直播复盘是提高和强化直播质量和效果的重要手段，需要全面地评估和总结直播的数据和内容，提出具体的改进措施。在对直播进行复盘的过程中，需要关注观众需求、把握直播的节奏和选品安排、加强主播培训和管理、强化直播的品牌价值和影响力，以及持续关注直播的发展趋势和新技术。通过这些工作，可以不断提升和强化直播的质量和效果，为观众带来更好的观看体验，为企业带来更大的品牌价值和影响力。

　　（1）收集直播数据

　　本次实训直播复盘的第一步是要收集直播数据，包括观众人数、观看时长、弹幕数量、礼物数量等各项指标。这些数据能够直观地反映出直播的效果和受众反应，对于后续的分析和总结非常有帮助。从图 4.5 的直播数据来看，整体数据不够理想，需要在下一次直播中进行改进。

图 4.5　后台数据图

（2）回顾直播内容

在收集了直播数据之后，接下来要回顾直播的内容。这里需要仔细观看直播录像，回忆主播的讲解和互动，以及观众的反馈和提问。在这个过程中，需要特别注意直播中出现的亮点和问题，并进行记录。回顾直播内容，发现主播和粉丝互动不够频繁，讲解成义烧坊1935不够详尽，尤其对产品消费场景与亮点挖掘不足，下次直播需要改进。

（3）分析直播数据

收集了直播数据、回顾了直播内容之后，接下来就要对数据进行分析。这里可以使用一些数据分析工具，帮助我们更加深入地理解直播数据。使用蝉妈妈分析后发现，直播数据和带货数据很差，下一步需找出原因，认真改进。

（4）总结亮点和问题

在分析了直播数据之后，接下来就可以总结直播的亮点和问题了。亮点是指在直播中表现优秀、受到观众喜爱的部分，可以作为后续直播的重点来突出；问题则是指在直播中出现的不足或需要改进的部分。在本次成义烧坊1935直播过程中，主播与运营团队配合默契，但也存在主播对产品卖点提炼不足等问题。

（5）提出改进措施

针对直播中出现的问题，需要提出具体的改进措施。这些改进措施可以包括内容的优化、互动的改进、直播时间和频率的控制等。需要注意的是，改进措施要具体可行，同时也要考虑到直播的整体效果和用户体验。通过本次直播实训我们发现，可以加强对产品卖点的提炼，优化产品消费场景挖掘并引发观众的情感共鸣，等等。

 **任务实践**

　　学员通过学习实训项目，现进行分组，选择合适的产品品牌以及平台等，开展电商直播实训。

　　1. 学员分组

小组名称	学员姓名	学　号	专业/班级	电　话	总得分

2. 产品品牌和平台选择

任务名称	产品品牌和平台选择		
任务背景	在选择直播平台时，要综合考虑，比如：从平台直播权限开通的门槛来选择、从内容的调性来选择、根据自有资源来选择、产品与直播平台是否匹配、带货功能是否符合需求，等等。 　　在选择产品品牌时，要进行粉丝调研、内容垂直度分析、市场调研，重视热门产品和复购率好的产品品牌，也可以利用工具选品，并明确目标顾客、产品营销策略和竞品情况。		
任务描述	序号	任务内容	难度
	1	选择合适的平台，并阐述原因	简单
	2	选择产品品牌和规格	简单
	3	明确产品特点/服务	一般
	4	分析产品价格策略	一般
	5	明确产品渠道策略	一般
	6	制定产品促销策略	较难
	7	明确产品目标客户群体	一般
	8	全面了解竞争产品情况	较难

任务报告（不少于 500 字）

任务评价				
评价类别		评价内容	分值	教师评分
知识评价	1	各种直播平台了解情况	10	
	2	市场营销策略知识点	15	
	3	目标客户知识点	5	
	4	竞品分析知识点	5	
能力评价	1	选择合适直播平台能力	5	
	2	准确分析产品营销策略能力	15	
	3	选择正确的目标客户群体能力	5	
	4	科学分析竞品能力	5	
素养评价	1	敏锐洞察力和思维能力	10	
	2	精准判断力	10	
	3	团队协作与沟通能力	15	
总分				

3. 直播话术与直播

任务名称	直播话术与直播	
任务背景	做直播想要吸引粉丝，留住粉丝，同时还能下单，除了我们的产品够好以及有各种直播间福利外，会说话也很重要，即我们常说的直播话术。因此要结合所选产品品牌、营销策略和目标客户群体撰写直播话术，包括开场话术、正文话术（互动话术、产品介绍话术、促单成交话术）和结束预告话术。话术要做到以粉丝需求为中心，以粉丝情感为导向，结合品牌、产品、竞品、价格、渠道、促销和服务体现出该品牌、产品最能满足粉丝需求，提供粉丝价值。直播时要注意平台规则，热情主动，积极乐观，不能一味只讲产品，要与粉丝多互动，取得粉丝信任，科学促单，并引导粉丝加入粉丝群。	

任务描述	序号	任务内容	难度
	1	开场话术	简单
	2	互动话术	一般
	3	产品介绍话术	较难
	4	促单成交话术	较难
	5	结束预告话术	简单
	6	直播展示	较难

任务报告（不少于800字）

电商直播
技能实训教程

任务评价				
评价类别		评价内容	分值	教师评分
知识评价	1	深度了解产品品牌和品类	10	
	2	市场营销专业理论和知识	10	
	3	了解目标客户的消费习惯	5	
	4	知识面广、涵盖面宽	10	
能力评价	1	消费场景挖掘能力	10	
	2	产品核心卖点挖掘能力	10	
	3	创意策划写作能力	10	
	4	较强沟通交流与表达能力	10	
素养评价	1	良好的表现力	10	
	2	乐观、积极、遵纪守法	10	
	3	团队协作与强大心理承受能力	5	
总分				

4. 数据分析与复盘

任务名称	数据分析与复盘
任务背景	数据分析主要包括基础数据、直播数据和粉丝数据，之所以做数据分析，是为了发现并解决直播运营中出现的问题，从而推动直播业务增长，即分析现状、找出原因和预测未来。直播复盘是指对一场直播活动进行全面分析和总结，以便于从中发现亮点和问题，从而进行更好的改进和提升。在直播领域，复盘是一项非常重要的工作，能够有效提升直播的质量和效果。直播复盘是提高直播质量和效果的重要手段，需要全面地评估和总结直播的数据和内容，提出具体的改进措施。

	序号	任务内容	难度
任务描述	1	基础数据分析	简单
	2	直播数据分析	一般
	3	粉丝数据分析	一般
	4	回顾内容	一般
	5	总结亮点和发现问题	较难
	6	提出改进措施	较难

任务报告（不少于 500 字）

		任务评价		
评价类别		评价内容	分值	教师评分
知识评价	1	直播数据分析理论和知识	15	
	2	消费者心理学理论和知识	10	
	3	本品类基本情况和发展趋势	10	
能力评价	1	科学进行直播数据分析能力	15	
	2	发现问题、分析问题和解决问题能力	10	
	3	系统思考和总结概括能力	10	
素养评价	1	敏锐数据洞察力	10	
	2	精益求精精神	10	
	3	团队协作，吃苦耐劳	10	
总分				

参考文献

［1］黄璐. 互联网+背景下电子商务平台发展现状及趋势［J］. 现代企业, 2022 (11)：143-145.

［2］贾玲杰. 基于互动视角移动电商应用模式探讨［J］. 现代营销, 2020 (9)：186-187.

［3］卢艳婷. 移动电商发展趋势分析［J］. 全国流通经济, 2017 (35)：14-15.

［4］易慧媛, 殷笑语, 张媛, 等. 社交电商行业发展现状分析［J］. 中国管理信息化, 2020, 23 (12)：158-159.

［5］社交电商万亿市场待启, 资本助力行业龙头涌现［EB/OL］. (2019-09-25) ［2022-05-31］. http://www.doc88.com.

［6］搜狐网. 三种典型社交电商模式浅析［J］. 中国合作经济, 2019 (3)：50-51.

［7］陈杰, 丁晓冰, 张凯. 2019 年度中国社交零售报告［J］. 知识经济, 2019 (35)：12-26.

［8］闵祥歌. 基于乡村振兴背景下农村电商发展研究［J］. 全国流通经济, 2023 (7)：32-35.

［9］高华. 浅析农产品电子商务发展的现状和对策［J］. 黑龙江粮食, 2023 (3)：84-86.

［10］谢菲, 徐宁. 电子商务发展背景下的客户关系管理对策研究［J］. 商场现代化, 2020 (12)：39-41.

［11］梁樱. 物资采购中的供应商管理策略探究［J］. 市场观察, 2020 (11)：66.

［12］闫利娜, 林婧. 我国旅游电子商务发展的现状, 问题与应对策略分析［J］. 中小企业管理与科技, 2020 (34)：16-17.

［13］DINARA I, 李旭芳. 中国旅游电子商务发展现状分析［J］. 物流科技, 2021, 44 (5)：79-80, 83.

［14］李欣慧, 李明, 王阳, 等. 互联网医疗风险分析及防控建议［J］. 中国卫生法制, 2023, 31 (1)：102-105.

［15］金会生. "互联网+医疗健康"标准化建设分析［J］. 中国质量与标准导报,

2023（1）：23-25.

[16] 黄伟. 浅析新时代电子政务发展新趋势［J］. 中国管理信息化，2021，24（2）：186-187.

[17] 石宇良. 中国电子政务的发展现状与态势［J］. 领导科学论坛，2019（18）：58-74.

[18] 何亮，陈锐，李剑虹，等. 市场营销案例分析及实践实训［M］. 成都：西南财经大学出版社，2019.

[19] 徐大伟. 表表面面论道·竹叶青［J］. 广告大观，2009（7）：46-47.

[20] 李隆宇. 浅析中国茶叶产品的广告表现特色：以竹叶青广告为例［J］. 中国集体经济，2013（3）：116-117.

[21] 娄向鹏. 竹叶青：中国当代茶品牌的标杆［J］. 茶世界，2010（2）：18-22.

[22] 红乐. 竹叶青茶：中国茶叶品牌第一家［J］. 国际公关，2015（1）：62-63.

[23] 静心. 竹叶青京城"论道"，以平常心做大品牌［J］. 中国广告，2009（6）：98-99.

[24] 阿佩克思策略团队. 主力品牌：竹叶青洞悉平常心［J］. 广告人，2007（3）：22-27.

[25] 唐先洪，宋少俊，刘祥云等. 竹叶青茶业品牌经营之路［J］. 中国茶业，2006（1）：32-34.

[26] 庞守林，张汉明，丛爱静. 品牌管理［M］. 北京：高等教育出版社，2017.

[27] 查道生，何汉华. "竹叶青"创名牌的启示［J］. 茶业通报，2010（3）：99-101.

[28] 贾晓婷. "竹叶青"系列广告的表现特色及启示［J］. 江苏理工学院学报，2014（6）：40-43.

[29] 何亮，何苗，柳玉寿，等. 电子商务专项技能实训教程［M］. 成都：西南财经大学出版社，2019.

[30] 王玮. 网络营销［M］. 2版. 北京：中国人民大学出版社，2022.

[31] 何亮，柳玉寿，何苗，等. 市场营销学原理［M］. 成都：西南财经大学出版社，2018.